电子政务理论前沿与实践创新丛书

DIANZI ZHENGWU LILUN QIANYAN YU SHIJIAN CHUANGXIN CONGSHU

本书出版受国家自然科学基金（71403080、71172157）、现代服务

U0621511

电子税务服务科学理论与实践

DIANZI SHUIWU FUWU KEXUE LILUN YU SHIJIAN

王长林 著

中国财经出版传媒集团

经济科学出版社

Economic Science Press

图书在版编目（CIP）数据

电子税务服务科学理论与实践/王长林著.
—北京：经济科学出版社，2016.8
（电子政务理论前沿与实践创新丛书）
ISBN 978 - 7 - 5141 - 7051 - 1

Ⅰ.①电…　Ⅱ.①王…　Ⅲ.①税务工作 - 研究 -
中国　Ⅳ.①F812.42

中国版本图书馆 CIP 数据核字（2016）第 148128 号

责任编辑：王柳松
责任校对：王苗苗
版式设计：齐　杰
责任印制：邱　天

电子税务服务科学理论与实践

王长林　著

经济科学出版社出版、发行　新华书店经销
社址：北京市海淀区阜成路甲 28 号　邮编：100142
总编部电话：010 - 88191217　发行部电话：010 - 88191522
网址：www.esp.com.cn
电子邮件：esp@esp.com.cn
天猫网店：经济科学出版社旗舰店
网址：http://jjkxcbs.tmall.com
北京万友印刷有限公司印装
880×1230　32 开　7.125 印张　200000 字
2016 年 8 月第 1 版　2016 年 8 月第 1 次印刷
印数：0001—1200 册
ISBN 978 - 7 - 5141 - 7051 - 1　定价：32.00 元

目　　录

第1章

绪　　论

1.1　电子政务概述

随着信息技术的发展和政府服务意识的增强，电子政务已经得到了越来越广泛的应用。沙马等（Sharma et al.，2004）认为，电子政务可以定义为政府利用信息技术，特别是互联网来更好地管理自身事务和服务于公民与企业。一般来讲，电子政务的有效运行需要两个条件，一方面，需要有线网络支撑，另一方面，也需要公民和企业有固定的办公场所。

电子政务是政府等公共管理部门借助互联网来改进管理效率和提高服务水平（Bonsón et al.，2012）。从服务对象来看，电子政务包括四种类型：政府间的电子政务（G2G）；政府对企业的电子政务（G2B）；政府对公民的电子政务（G2C）以及政府对雇员的电子政务（G2E）。四种电子政务类型，可以按政府服务范围（对外、对内）和政府服务对象（个人、组织）两个维度进行描述。

本书接下来的部分，将主要以电子政务中的一个非常重要的应用——电子税务为研究对象。之所以以电子税务为研究对象，主要是因为中国税务信息化从20世纪80年代开始，特别是金税工程实施后得到了快速发展。金税工程从 1994 年开始至今已经实施了 20 多年，被视为中国电子政务实施的典型代表，是目前最为成熟和完善的政府税务信息化工程（许善达，2009）。特别是其通过服务外包的方式来推动税务信息化建设，是一种典型的政府将公共服务外包，这与目前政府大力提倡向社会机构购买公共服务极其吻合。通过金税工程建立的服务体系，覆盖了全国 340 多万户的增值税防伪税控用户，由 221 家独立法人公司为金税用户提供服务，其中，包括 30 余家省级服务单位，137 家地市级服务单位和 48 家区县级服务单位。超过 15000 名技术服务人员为客户提供上门服务和电话服务。随着移动技术的发展与应用，移动税务（如，移动掌上办税大厅、微信移动税务平台）也得到了快速的发展和应用。鉴于电子税务及其服务的典型性，本书以电子税务为研究对象，具体分析电子政务发展过程中的理论与实践问题。

1.2 电子税务概述

电子税务，是指随着科技的发展，人们利用电子信息技术尤其是互联网技术，构建可以完成传统税务局各项管理与服务职能，并为纳税人提供更加方便、快捷、安全服务的电子化的税务机构，它是电子政务的一部分。简单来说，电子税务可以分为基于 PC 的传统电子税务和基于手机等的移动税务。中国税务信息化经历了 30 多年的发展，总体上看，其发展经历了三个过程：税收电子化阶段、面向管理的税收管理信息系统阶段、实现创造税收价值的全方位税收服务系统阶段。

电子税务是信息化在税务行业的具体应用，它对促进国家税收收入的稳定增长，实现科学与合法、合规征税具有重要意义。同时，电子税务是促进税收管理制度完善，推动税收治理和模式变革的重要"抓手"；是提高税收征管水平，提高税收征管效率的有效手段；也是增加税收征管透明度和提高纳税公平的利器。

中国税务信息化的重要转折点发生在 20 世纪 90 年代，伴随着流转税制的改革，金税工程应运而生。金税工程是中国政府主导的"十二金"工程中的核心工程之一，对于促进中国税务信息化起到了重要作用。作为国家电子政务"十二金"工程之一的金税工程（税收管理信息系统），自 1994 年上半年开始试点以来，先后经历了金税一期、二期和三期建设，现已形成了"功能齐全、协调高效、信息共享、监控严密、安全稳定、保障有力"的、覆盖全国所有增值税一般纳税人企业的税收管理信息系统，俨然成为中国电子政务建设中的样板工程。金税工程的成功实施，对防止税款流失、规范税务工作人员执法行为，提高政府和企业的信息化水平等方面发挥了重要作用。目前，从实践上介绍金税工程发展过程的研究比较多。然而，从理论上对其进行探讨，却未能引起现有研究者足够的关注。本书试图从服务科学的视角，从理论和实践的角度，分析金税工程中存在的诸多理论问题。

1.3 服 务 科 学

服务科学（service science）是一个极具前沿性的学科和研究领域，近年来，随着服务经济的兴起，在国内外引起了学者的广泛关注（郭重庆，2008）。服务科学，又称服务科学管理与工程（Service Science，Management and Engineering，SSME），是服务科学、服务管理（service management）和服务工程（service engineering）三者的结合。服务科学可以看作将商务与技术结合起来进行创新，其思想可追溯至 2002 年 IBM 与美国加州大学举办的一次研讨会。2004 年 12 月，IBM 的首席执行官第一次明确提出了服务科学的概念，他认为服务科学是一种通过整合不同学科的知识来提供服务的创新思想和方法。自此之后，服务科学开始受到研究人员和企业界人士的广泛关注。

尽管现在越来越多的机构和学者阐述并深入地探讨了服务科学的内涵，但至今仍然没有统一的定义，而这个概念也从早期的服务科学管理与工程（Service Science, Management and Engineering, SSME）演变成今天的服务科学（Service Science）。

2007年，在剑桥大学举办的服务科学、管理和工程研讨会上，与会者第一次明确地对服务科学进行了界定。服务科学被定义为，研究能为顾客、供应商和其他利益相关者创造和传递价值的动态配置人员、技术、组织和共享信息的系统。它是一种能给我们提供综合服务设计、传递和创新观点的多学科的研究（Bardhan et al., 2001），其主要目标是运用科学的思维方法来提升我们设计、改进和拓展应用服务系统的能力（Lusch et al., 2008）。

根据现有文献的论述，目前关于服务科学持有两种观点，一种是以IBM和郭重庆的观点为代表认为服务科学是一门新兴的前沿学科，本章称之为广义服务科学；一种是以信息系统（Information system, IS）研究人员为代表的认为服务科学是研究服务质量、价值、满意度和忠诚度等之间关系的理论，本书称之为狭义的服务科学，或服务科学理论。

针对广义的服务科学，主要存在三种研究视角：（1）学科整合的角度。该种研究强调服务科学的整合性，他们认为服务科学是一门新兴跨学科领域，对计算机科学、运筹学、工程学、管理学、认知科学以及法学等相关学科进行了整合。因此，服务科学主要侧重于研究科学、工程和管理方法在服务中的跨学科应用。（2）学科效用的角度。该种研究主要强调服务科学对服务过程的创新和优化。其中，最具代表性的有：服务科学对服务创新的作用；服务效果的预测以及服务优化。（3）系统的角度。该种研究以服务系统作为服务科学的基本分析单元，他们认为服务系统是一个复杂系统，它是由人员、技术、内外部其他服务系统以及信息共享所组成的价值创造体，因此他们着重研究服务系统设计、实施和应用。

从狭义的角度看，服务科学是一种研究、设计和实施服务系统的跨学科方法。尽管不同研究者对服务科学的研究侧重点有所不同，但他们认为服务科学作为一门新兴学科，其研究应将各个学科相结合，采用不同的方法使得服务的产出与透明度得以不断提高，为服务提供者和相关客户创造价值（魏建良，朱庆华，2008）。从宏观角度来看，服务科学是研究服务设计、服务运营、服务交付和服务创新的学科（蔺雷，吴贵生，2007）。从微观角度来看，服务科学主要是研究价值产生、传递和价值影响的一种理论。具体到 IS 领域，服务科学主要是研究服务系统在给用户提供服务时价值产生的机理、传递机制及其影响。

服务科学是当今研究的热点问题，涉及不同的学科，如，运营管理、市场营销、管理信息系统等。本书拟采用服务科学的分析框架，以金税工程为背景，具体分析税务信息化的发展过程，尤其是金税工程在发展过程中涉及的理论和实践问题。

1.4　研究思路和内容

本书以金税工程为研究对象，从服务科学的研究视角，从实践和理论上对金税工程中的相关问题进行深入阐述。本书的研究内容主要包括实践研究和理论研究两部分。

实践部分包括：（1）对中国税务信息化的总体情况进行概述，对其现状、存在的问题、政策建议及其未来发展趋势进行阐述。（2）对金税工程发展的过程进行梳理、金税工程的收费模式进行概括以及对省级国税局网站进行评价。

理论部分包括：（1）税务信息系统实施成功、服务质量、社会公平、服务满意度、公共信任等诸多问题展开研究。（2）基于"互联网＋税务"的背景，对移动税务的采纳和税务机关满意度的构建进行分析和阐述。

通过对以上问题展开研究，本书希望从理论上加深人们对服务科学的认识，从实践上为税务信息化提供一定的指导。

参 考 文 献

［1］郭重庆.服务科学.中国基金管理，2008（4）：217－220.

［2］蔺雷，吴贵生.服务创新（第二版）.清华大学出版社，2007.

［3］魏建良，朱庆华.服务科学理论研究及其面临的挑战.外国经济与管理，2008，30（6）：15－21.

［4］许善达.中国税务信息化回顾与展望.电子政务，2009（10）：26－33.

［5］职菲.聚焦客户服务为本，打造体系管理为纲.航天信息服务专刊，2013（2）：21－25.

［6］E. Bonsón, L. Torres, S. Royo, F. Flores. Local e-government 2.0: Social media and corporate transparency in municipalities. *Government Information Quarterly*, 2012, 29（2）：123－132.

［7］I. Bardhan, H. Demirkan, P. K. Kannan, R. J. Kauffman. Introduction to the Special Section: Service Science in Electronic Commerce. *International Journal of Electronic Commerce*, 2010, 14（3）：5－10.

［8］R. F. Lusch, S. L. Vargo, G. Wessels. Toward a Conceptual Foundation for Service Science: Contributions from Service Dominant Logic. *IBM Systems Journal*, 2008, 47（1）：5－14.

［9］S. K. Sharma, J. N. D. Gupta. Web Services Architecture for M-government: Issues and Challenges. *Electronic Government*, 2004, 1（4）：462－474.

第2章

税务信息化发展概述

电子税务随着信息技术的发展而发展。美国学者诺兰指出，对于任何行业，信息化大致要历经六个阶段，分别为：初始阶段、普及阶段、控制阶段、集成阶段、数据管理阶段和成熟阶段。具体到税务信息化领域，税务信息化应用的出发点是为了服务税务部门征收管理的需要，它首先同税收征管密不可分，其关键是信息的控制和监督。

2.1 中国税务信息化的发展阶段

针对中国税务信息化的建设与发展历程，总体上可以分为应用起步期、初步应用期、应用发展期、应用控制期、应用整合集成期和数据管理应用期六个阶段，目前正进入数据管理应用期。

第一阶段，应用起步阶段（1983～1989年）。1983～1989年，此阶段主要以个人计算机（PC）作为应用平台，并以计划、会计、统计等税务内部的信息为应用的切入点，致力于减轻广大税务人员和企业会计人员的工作强度，使得此类作业由传统的繁杂手工劳动转变为计算机操作。这一阶段的主要特征，是税务系统以及企业开始应用计算机来处理会计报表、税收报表等。1985年，国家税务总

7

局统一调整和部署，税务系统开始开发和运用计算机工作，标志着全国税务系统计算机开发和应用的开始。然而，在这一阶段，全国范围内各单位计算机应用水平及普及程度普遍较低，设备也十分缺乏，截至 1989 年底，整个税务系统中仅有 5300 多台 PC 机。

第二阶段，初步应用阶段（20 世纪 90 年代前半期），这一阶段的具体时间点是 1990～1993 年底。标志性事件是，从 1990 年开始，国家税务总局积极推进信息技术在税收领域的应用，决定在全国范围内推广"征收、管理、检查三分离"或"征管、检查两分离"和纳税人主动申报纳税的征管新模式，同时提出了税收征管电子化的目标，自此，税收征管方面的改革全面展开（许善达，2009）。此外，模式的变化从客观上来看为税务信息化的展开创造了有利条件，计算机成为辅助进行税收征管的工具，这标志着中国税收电子信息化工作进入了一个新的时期。

第三阶段，应用发展阶段（20 世纪 90 年代后半期），这一阶段的具体时间是 1994～1998 年。1994 年，中国税制改革，建立了以增值税为主体的流转税体系的分税制。税收征管从"户"信息发展到"票"和"人"的信息，信息量大幅度增加。1995 年底，国家税务总局提出了新的征管模式，即"以纳税申报和优化服务为基础，以计算机网络为依托，集中征收，重点稽查"（许善达，2009）。这一时期税务信息化发展里程碑的事件是，税务总局利用世界银行贷款和日元贷款开发了 TAIS（Taxation Administration Information System）和 CTAIS（China Taxation Administration Information System）的税收征管信息系统，即所谓"金税"工程，其以增值税发票的信息管理为主（许善达，2009）。

第四阶段，应用控制阶段（1998～2003 年）。这一阶段，税务信息化的核心思想是，从依法治税和从严治队的高度上，大力推广增值税专用发票管理系统和综合征管系统。1998 年，金税二期工程被国务院正式批准立项。2001 年开始投入运行，2003 年项目全部完成，一般纳税人所使用的全部专用发票均纳入此系统管理。这一阶段的主要应用有，税收综合征管系统（CTAIS）、公文处理软件、税务监控系统等。2001 年通过的《中华人民共和国税收征收管理法》中，税收信息化和现代化首次被写入法律。2002 年的全国税务系统信息化工作会议明确提出，要充分利用高科技尤其是以计算机和网络为核心的现代信息技术，使得税收管理手段现代化，并且创新管理理念、管理体制和管理方法，使得依法治税和从严治队有据可依。①

第五阶段，应用整合集成期（2004～2013 年）。这一阶段税务信息化的核心思想，是建立和完善中国的税收管理信息系统，也就是"金税工程"（CTAIS），该工程使得各税收管理信息化需求都得以一体化地实现。根据诺兰模型，当信息化发展到一定程度就需要将相关应用进行集成整合。金税工程二期之后，税务信息化得到了较快发展，但也存在一定的问题，例如：系统重复开发、相关系统工程交叉、各地信息不能共享，等等。为此，国家税务总局适时提出了一个总体方案，统一建设"一个网络、一个平台、四个系统"的税务管理信息系统，明确今后税务信息化建设的基本原则和方向。这一阶段，这些目标将在三期工程及以后的工程中逐步实现。2005 年，国务院批准了金税三期工程项目建议书；2008 年 9 月，国家发展和改革委员会批准了金税三期工程第一阶段中央投资部分初步设计和投资概算，三期工程正式启动；2013 年 2 月，重庆市地方税务局作为全国地税首家金税三期试点单位，正式上线运行金税三期工程核心征管、个人税收管理等软件。

第六阶段，数据管理应用阶段，即互联网＋税务阶段（2014年至今）。国家税务总局于 2015 年 9 月发布了"互联网＋税务"行动计划。根据"互联网＋税务"行动计划，电子税务包括"5 大板块、20 项重点行动"计划。社会协作板块（众包互助、创意空间、应用广场）；办税服务板块（在线受理、申报缴税、便捷退税、自助申领）；发票服务板块（移动开票、电子发票、发票查验、发票摇奖）；信息服务板块（监督维权、信息公开、信息定制、数据共享）；智能应用板块（智能咨询、税务学堂、移动办公、涉税大数据和涉税云服务）。该行动计划的实施，使得推动互联网创新与税收工作深度融合，在与现有税务信息后台核心系统相结合的基础上，打造出全覆盖、全流程、全联通的智慧税务，更好地为经济社会服务；将为纳税人提供更为高效快捷的服务，为降低社会运作成本发挥了极大作用，增强税务决策程序的公开和透明，提高税务部门决策的科学化和民主化，营造公平的税务环境，真正打造透明和服务型税务，实现普惠税务。

要倾情打造"互联网＋税务"靓丽品牌，使其成为"互联网＋"这一时代潮流的弄潮儿和领跑者，为税收现代化增添新动力，构筑新优势，插上腾飞的金色翅膀。在互联网的大潮中，大力发展电子税务，是落实"互联网＋税务"的重要举措之一，它使税务机关从"以票控税"向"信息管税"转型，在提高税收服务质量、节约社会成本、遏制税收违法犯罪等方面有重要的现实意义。

2.2 中国税务信息化发展现状

2.2.1 国外主要国家税务信息化

（1）美国

美国税收实行的是联邦以所得税、州以销售税、地方以财产税为主体的税收制度，分别由联邦、州和地方（县、市）立法与征管。同样，税收管理体制也由联邦、州和地方三级构成，与美国的联邦制相适应。在美国收入局总部的职位设置中，设置一个副局长在专职管理信息化建设的同时，兼任该局首席信息官（CIO）。收入局设有两个部门专门负责信息化建设，分别负责业务需求与技术开发管理，都归该CIO直接领导，在CIO的带领下，两部门之间相互协调与配合，统领全国税务信息化建设工作。美国的税务信息化十分重视如何建设税务信息化以及如何利用信息化提高工作质量和效率这两个问题。

（2）英国

英国税制呈现出以直接税为主，间接税为辅，税收收入和权限高度集中的特征。英国的国内收入局和关税与消费税署负责的是本国税务管理的工作。增值税、关税与消费税的征管主要由关税与消费税署负责，其余税种则归国内收入局负责。英国税务局对税务信息化采用的是 IT 外包的实施方法。1994 年，在成为内阁中首批进行战略性 IT 外包的部门之一后，英国税务局根据其多年的经验，在合作伙伴原则的基础上，设计了一套全新的实行外包的方法，这种方法具有目标明确、激励有效和沟通充分等特点。在 IT 外包机制的推动下，英国的税务信息化取得了长足进步。

（3）德国

德国实行分税制，纳税人所缴纳的全部税费共划分为两大类，即共享税和专享税。共享税按一定规则和比例在各级政府之间进行分成，即为联邦、州、地方三级政府或其中任意两级政府所有。专享税则作为某一级政府专有收入，划归联邦、州或地方政府所有。德国相应的税务管理机构分为三个层次，其中包括：高层机构，由联邦财政部和各州财政部共同构成，履职机构是联邦税务总局；中层机构，即为高等税政署；基层机构，由地方税务局构成。德国的税务信息化具有以下特点：一是税源监控信息化管理建设的覆盖面广；二是其数据准确性强。德国的信息技术集成处理现已将管理纳税人的基本业务全部纳入其系统，针对纳税人的纳税申报，税务部门则可以利用网络进行审核和征收，并实时监控税源。

（4）法国

法国是一个中央集权和国家干预经济的国家，在税收上同样实行分税制，作为西方国家税收体制的典型代表，法国具有非常完整的税收制度。法国的大部分税收，如所得税、增值税和转移税，是由国家征收的；财产税和交易税则由各地方政府征收。法国还设立了全国统一的隶属于中央政府的国家税务机构（公共财政总署），在各地下设分支机构，负责税收政策的研究制定和税收收入的征收管理。法国的税源监控体系为了全面监控纳税人，使用了内外两套监控体系，同时利用计算机分析纳税人的申报资料，输出税源变动资料，便于税源监控小组查询。法国的税源监控工作分内部监控和外部监控两大类，前者是税务机关内部对纳税人的控制。后者是对纳税人账册的控制及管理，且在对外部的税源实施监控时，法国逐渐从全面监控转变为分析性监控。

（5）澳大利亚

澳大利亚是一个实行分税制的国家，以直接税为主，而直接税中的个人所得税又是重中之重，所有税收收入分为中央税收收入和地方税收收入。联邦税务局的 8 个纳税业务部门按照各自的职能，同时进驻 24 个办税场所，实施税收管理。在税收征管上，具有以下三方面的特征。第一，澳大利亚政府不但在全国税务机关内部全面运用计算机联网系统管理纳税申报、办理出口退税、处理公文流转等日常管理工作，而且与政府的有关部门，如海关、保险、金融及大企业实现了联网。第二，在 e-tax 的基础上，澳大利亚形成了健全的纳税信息服务、社会化征收、专业化的数据处理和税务审计等信息化征管体系。建立了诸如社会化的信息网络，专业化的数据处理中心和信息服务体系，为 e-tax 的运行提供了支撑。第三，澳大利亚税源监控信息化建设将税源按照大小分为三类，实行分类管理（大企业、中小企业和小微企业与个人）和分类监控。

（6）爱尔兰

爱尔兰国土面积较小，人口也不多，其税制层级极为简明，全部税收均由国家税务局官员或雇员征收，并上缴中央政府。爱尔兰税务信息化，具有以下几个特点。第一，以 E - TAX 为基础，全面集成税务信息系统。第二，建立以纳税人为中心的风险评估体系。爱尔兰税务局采用 ESKORT 风险分析系统进行风险评级，ESKORT 是一种先进的风险评估工具。第三，提供优质的网上纳税服务。在电子政务的探索领域中，爱尔兰税务局得到了社会的极高认同，其中，网上税务服务系统（ROS）作为一种为纳税人提供在线纳税申报服务的先进系统，被该局大力推广。

（7）日本

日本实行中央、都道府县、市町村三级课征的税务制度，是一种中央地方兼顾型税制，其中，国税由中央征收，地方税则由都道府县征收，二者之间相互独立。日本的税务信息化是在"电子日本"战略的带动下实施的。2001 年，日本政府机构进行改革，由内阁所设的 IT 室用以专门负责保证各地的电子政务系统相互兼容及连通，电子政府门户网站的运营则由总务省负责。根据征管工作的各种需要，日本国税局及税务署系统统一开发运行，国税系统形成了全国计算机管理网络系统，实现了国税局与税务署的系统联网运行。

（8）韩国

韩国实行的是中央、地方两级课税制度，中央行使税收立法权、征收权和管理权，地方政府只有很小的管理权。韩国税制分中央税和地方税两种，不设共享税。国内税由国税厅管理，关税由关税厅管理，地方税由地方政府管理。韩国税务信息化具有两方面的特征。第一，引进了全面计算机化的税务一体化信息系统，提高录入税务部门的工作效率，成功地减少了税务官员在选择审计对象时的不公正现象。第二，启动"网上报税中心"，扩大了网上报税的实施范围，为纳税人提供了便捷的办税服务。

2.2.2 中国税务信息化建设案例

中国税收信息化建设起步于20世纪80年代，在1994年中国实行流转税制改革后，伴随着金税工程一期、二期、三期的成功实施，中国税收信息化取得了重大进展。

金税工程，总称中国税收管理信息系统（CTAIS），是国家信息化建设的重点工程（"十二金"工程）之一，它是为加强对增值税开票、认证、交叉稽核和协查的管理，将增值税一般纳税人专用发票的认定、领购、纳税申报、税款缴纳的全过程实现网络运行。金税工程的最终目标是搭建全国统一的税务服务基础技术平台，实现业务数据在国家税务总局和省级税务局的集中处理，覆盖所有税种，所有税务机关和税务征收管理的重要环节，并建立税收业务管理、税务行政管理、外部信息管理、决策支持管理四个决策支持系统的信息化系统工程。从本质上讲，金税工程是以税收征管业务为主体，实现中国税务系统各项管理工作信息化和专业化。金税工程由于其覆盖全面、功能强大、监控有效、全国联网运行，已成为中国电子政务工程的核心系统之一。

金税工程始于20世纪90年代的流转税制改革。从1994年开始，先后经历了三期建设。第一期从1994年2月~1998年7月，主要是开展金税工程的试点工作；第二期从1998年2月~2003年7月，全面推广金税工程阶段；2003年8月~2013年2月，金税工程三期阶段，金税工程三期经历前期调研、项目立项、项目启动和上线运行等过程。简而言之，金税工程是一项中央推行、地方密切配合的税务信息化系统工程，其已被看作增值税的生命线，是打击偷骗税的"杀手锏"，是税务干部队伍廉政建设的重要保障，还有利于提高税收部门工作效率和税收征管质量，加强企业内部管理和提高防范财务风险的能力。

2.2.3 金税工程服务体系

国家税务总局在金税工程伊始，就委托给中国航天工业总公司（现在由航天信息股份有限公司承担）负责技术推广和维护，逐步形成了"航天信息总公司—省级分子公司—市（县）级分公司（服务站）"的服务体系，该服务体系基本可以概括为"覆盖范围广、服务单位多、服务成本高、单位性质多样"。截至 2012 年底：

（1）服务体系覆盖了 31 个省、自治区、直辖市；地市级城市覆盖率达 100%，区县级城市覆盖率达 35%。

（2）服务体系共由 221 家独立法人的公司组成，其中，包括 30 余家省级服务单位，137 家地市级服务单位和 48 家区县级服务单位，共建立 509 个服务网点。

（3）服务体系现有技术服务人员达 15000 余人，热线电话达 2000 余条，服务用车约 1000 辆，培训教室约 260 个。

（4）服务体系的服务单位，既有航天信息组建的分公司和子公司，也有其他公司联合组建的公司，还有个体私人公司。其中，航天信息参控股服务单位 81 家，授权服务单位 140 家，二者之比约为 1∶1.7。

通过国家税务总局授权航天信息股份有限公司负责全国防伪税控的技术推广和服务，并在此基础上形成的服务商代理制度具有一些显著的优点：（1）政府将金税工程的服务外包给航天信息股份有限公司，这种市场化的服务机制有利于提高服务效率。（2）航天信息股份有限公司授权省级分公司、子公司负责当地的服务，并制定了全国统一的服务规范和严格的服务质量考评制度。年末，依据各服务单位考评结果优胜劣汰，保证了服务体系的健康发展。（3）各省级服务代理商通过对本地区一般纳税人企业的本地化服务，拉近与客户的距离，提高客户的响应速度，也有利于服务质量的提高。

2.2.4　金税工程的服务模式

金税工程服务模式的变化过程，大致经历了三个阶段。第一阶段，1994～2000年，服务代理商主要派技术人员直接去企业解决相关的技术服务，这一阶段以上门技术服务为主；第二阶段，2001～2008年，随着互联网的兴起，越来越多的服务代理商引入了在线服务方式，这一阶段是上门技术服务与互联网的在线服务方式相结合；第三阶段，2009年至今，传统服务、互联网以及移动服务相结合。金税工程服务模式的变化，一方面，与信息技术的发展密切相关；另一方面，与航天信息严格的服务考核制度和各级税务机关加大了对服务代理商监管的力度密切相关，为不断地提高服务质量，各级分子公司都积极采用不同形式的服务方式来满足防伪税控客户的需求。本章将以负责防伪税控服务的中部某省的服务商（以下简称A公司）为例，说明目前防伪税控服务模式的主要特征。其服务模式主要分为两种：线下服务模式和线上服务模式。

线下服务是指，借助传统的交流方式（如，"面对面"的交流、电话等）为客户提供的技术支持和服务。A公司为企业提供的线下服务方式主要有以下四种。

（1）系统使用前技术培训服务。

为满足初次安装使用防伪税控系统的用户（一般称为新户）的服务需求，公司专门设有培训部，培训部每月都会举办免费的培训活动，对用户进行税控系统使用方法的培训和指导。

（2）上门技术支持服务。

目前，A公司已经形成了完整的三级服务体系：A公司总部（工程技术服务中心）——市级分公司（18个地市级分公司）——区县级服务站（71个）。公司拥有几百名员工专门为用户提供防伪税控系统的上门技术支持和回访服务。另外，还设有物流中心和维修部，负责为企业提供硬件设备的调拨和维修服务。

（3）电话技术支持服务。

A 公司建有呼叫中心，7×24 小时为防伪税控用户提供 400 热线电话技术支持服务；同时，还设有监察部，对上门技术支持服务人员和服务中心的热线技术服务人员的服务质量进行抽查，对不合规的行为及时进行纠正。

（4）A 公司用户联谊会和专题座谈会。

A 公司还定期在全省各地市举办客户联谊活动和专题座谈会，向用户传达国家税收的最新政策法规，并收集客户对 A 公司和税务局的意见建议，并对问题积极作出回应。

线上服务是利用互联网等新兴技术手段为客户提供的技术支持和服务。为改善服务质量，A 公司还利用互联网等现代技术为用户提供在线技术支持和服务，特别是 A 公司网站的开通，为在线技术支持和服务提供了平台。目前，A 公司提供的线上服务主要有以下六种。

（1）在线业务办理。

A 公司的在线服务一直坚持"凡是能搬上网络的业务都要最终通过在线的方式来解决"的基本思路，他们将培训申请、税控机等硬件购买、防伪税控软件的安装申请、在线培训的课件、网上报税等业务全都搬到 A 公司网站，有效地降低了客户的业务办理成本，赢得了客户的好评。

（2）在线技术支持。

及时通信工具为客户提供服务时，具有快速、高效、成本低的特点。A 公司研发设计了自己的即时通信工具，并有技术人员专门负责在线解答客户的技术问题。A 公司网站同时还提供税务相关信息查询服务，为客户提供最新的税务资讯。

（3）在线服务监督。

为保证服务质量，及时对服务人员不规范的行为进行纠正。A 公司网设有员工服务满意度评价专栏，让客户对上门技术服务人员和电话热线服务人员的服务行为进行评价。同时，设有总经理信箱，接受客户的意见反馈和建议。

（4）在线访谈和在线调查。

A 公司还不定期举行在线访谈，由总经理和公司高管参加，对最新的税收政策进行解读，对客户关心的问题进行解答。同时，还进行有奖在线调查，收集客户的意见和建议，为改善服务提供依据。

（5）虚拟社区服务。

为给全省的防伪税控用户提供一个交流互动的平台，A 公司在其网站上设有税务服务论坛。该论坛有业务模块、咨询模块和娱乐模块，供广大客户分享和交流经验，共同学习和提高。

（6）移动技术支持服务。

为顺应移动技术的发展，A 公司又开发了相应的移动技术产品来提高在线服务质量。如，掌上办税大厅、移动信息服务平台、掌上 12366 网站和相应业务模块的手机客户端应用。

2.3　中国税务信息化建设存在的问题

起步于 20 世纪 80 年代的税务信息化建设，经历了 30 多年的建设，已取得了明显的进步。它在转变税收工作管理理念和工作方式，提高税收工作人员执法水平和工作效率，促进中国税收收入增长方面发挥了重要作用。然而，税务信息化建设是一个长期而持久的工程，目前中国的税务信息化建设还存在一些需要继续改进的地方。

在系统设计理念上，缺乏全局观念，对现有系统的整合度不够；技术规范不统一，不同系统之间的兼容性较差。在系统建设方面，存在区域间的不平衡，经济发达的地方税务信息化走在前面。在数据共享与应用上，目前，税务系统与其他部门之间的系统缺少对接，不同部门之间的数据共享存在较大问题；对税务数据的开发利用还不够，基于大数据的应用尤其欠缺。在税收服务方面，在方便纳税人的应用方面较少，尤其缺乏基于社会化的，以及众帮互助的纳税人服务共享平台；以及基于移动报税服务的应用还较少，用户接受度较低。在税收人才队伍方面，缺少既懂技术、又懂业务的复合人才，阻碍了税务信息化的建设和发展。

2.4　促进中国税务信息化发展建议

大力推进税务信息化建设，根本手段就是创新，从设计理念、建设理念、应用理念和服务理念、人才培养等方面进行大胆尝试和创新。在设计理念上，充分借鉴国内外的先进经验，注重理论与实务结合，坚持系统集合和整合，数据共享的原则，实现线上和线下办税服务相结合，实现税源监控和服务纳税人相结合。在建设方面，可以借鉴国外的先进经验，采用服务外包的方法，充分利用 IT 外包的机制解决税务建设过程中出现的问题。在应用和服务方面，要借助互联网的先进技术，大力实施"互联网＋税务"行动计划，大力发展移动端的应用和服务，方便纳税人办税；积极推动数据共享和应用服务，挖掘税务数据的"金山银山"。在人才培养方面，采用内部培养和外部聘用相结合的办法，提升税务机关人员的整体素质。

2.5　税务行业信息化发展的趋势

2.5.1　税务业务和机构重组

税务机构的设置要尽可能降低税收遵从成本，一般需要考虑两方面的因素，降低税收征管成本和为纳税人提供方便。"进一家门办两家事儿"已达成共识。今后，国税地税全面深化合作，加强融合，是大势所趋。税务领域的学者也表示，"地税与国税合并"是长期趋势，"营改增"或许是国税地税合并的助推器之一。

国税地税分设是 1994 年分税制财政管理体制改革的产物，在当时历史条件下对保障中央财政收入，提高办税效率具有一定的历史意义。随着税收信息化进程的加快，尤其是"营改增"的全面推开和"互联网＋税务"行动计划的实施，国税地税合作进一步加强，今后两者全面深度的合作，并逐步走向有序融合，是大势所趋。

中央全面深化改革领导小组第十七次会议审议通过《深化国税、地税征管体制改革方案》中要求，要进一步完善国税和地税的征收管理体制，全面加强国税地税的合作，不断优化以纳税人为中心的纳税服务模式。

2.5.2 从管理向服务转向

上海财经大学中国公共财政研究院执行院长刘小川教授认为，税务管理现代化的总体思路可以概括为"四化一流"，即专业化的基础，协同化的主线，信息化的支撑，法制化的保障，加上一流的税务管理队伍（贺利娟，2016）。只有这样，才能真正形成税务管理现代化的新型模式，构建一种和谐、信赖、合作、互动的新型征纳关系。

有税务行业的专家介绍，税收征管要做到从管理向服务的转变，税务信息化建设应围绕组织收入这一主线，做到征管业务"流程化"，税收管理"数字化"，纳税服务"高效化"，信息资源"共享化"。

一是征管业务"流程化"。

从现阶段的征管情况看，税务部门已基本建立并形成以申报纳税和优化服务为基础，以互联网为依托，集中征收、重点稽查、强化管理的税收征管模式。今后，税收信息化要发展、突破，最终跃上新台阶，就必须建立新的征管流程来取代以手工作业为基准的征管流程，从而不断提高税收征管的质量和效率。

二是税收管理"数字化"。

数据大集中系统，尤其是"互联网＋"大数据的应用，是解决目前税务信息"孤岛"的重要手段。今后，税收管理必须立足于大数据，要让"睡着"的数据醒过来，充分利用各种渠道采集上来的数据，提高利用效率和分析水平。要依靠目前移动互联网、云计算、大数据的先进技术手段和方法，加强数据采集的完整和准确，强化数据的分析应用，以进一步促进税源管理体系的健全完善。

三是纳税服务"高效化"。

国家税务总局历来重视纳税服务的高效化，开展了一系列提高纳税服务的举措。如，便民办税春风行动，"互联网＋税务"行动计划，不断推进信息化建设，加强征收管理和服务纳税人相结合，提高纳税人满意度。今后，在建设现代化的纳税服务体系中，需要进一步立足技术创新、制度创新，不断创新、丰富服务内容和形式，以全面推进纳税服务。比如，为纳税人提供"移动办税""网上税务局""线上线下相结合"等省时省力的纳税方式，逐步形成新型、高效、立体、全方位的纳税服务模式，为纳税人提供更高效、便捷的服务方式。

四是信息资源"共享化"。

税务数据分析既是税收征管工作的基础，也是税收服务国家宏观经济调控的重要手段。但目前部门之间条块分割严重，涉税数据信息共享不顺畅，仍然是制约信息管税的重要因素。下一步，需要从三方面加强税务数据的共享。通过立法，强制税务信息共享；政府层面积极推动各级税务机关公开相关税务数据；税务机关主动实现国税、地税双方征管信息的及时交换、比对、分析和预警，准进整个税务系统业务与技术的快速融合。

2.5.3 "互联网 + 税务"行动计划

2015 年 7 月,《国务院关于积极推进"互联网 +"行动的指导意见》,对加快推动互联网与各领域融合创新发展提出了具体指导意见。8 月 31 日,国务院发布的《促进大数据发展行动纲要》,从宏观层面系统部署了中国大数据发展的工作安排。各行各业都在积极探索互联网应用的新需求、新形式,互联网金融、电子商务、交通物流等新型业态日新月异。

"互联网 +"为税收工作带来新机遇和挑战。互联网应用创新的飞速发展给企业经营、社会发展、政府管理带来巨大改变,纳税人、社会公众期待更加方便、快捷的服务,互联网因其泛在、实时和便捷的特点,为税收工作提供了转型契机。当前和未来几年,"营改增"等税制改革、简政放权优化服务的管理要求以及商事制度改革,促使税务部门不断创新管理和服务方式。国家税务总局明确指出,要总结探索各地好的做法,积极借鉴有关部门经验,制定"互联网 + 税务"行动计划,全国税务系统要认真思考"互联网 + 税务"的新课题,紧跟时代步伐,把握发展机遇,倾情打造"互联网 + 税务"靓丽品牌。

税收信息化发展与各地探索创新为"互联网 + 税务"奠定了基础。近年来,税收信息化建设取得长足进展,综合征管、出口退税、增值税发票升级版以及金税三期等应用系统统一推行,实现了税务总局和省级国税局两级集中部署,形成了统一的核心业务系统,为全国各级税务机关实施"互联网 + 税务"行动奠定了重要的基础。各地在"互联网 + 税务"方面积极探索创新,围绕"热点""堵点"和"痛点",在互联网税务应用方面积极探索创新,提升税收管理和纳税服务水平,取得了较好的效果。

2.5.4　移动税务信息化

移动税务信息化系统，利用无线数据通信技术，建立连接税务局、税务局工作人员、纳税人、服务单位之间话音和数据沟通渠道，实现了多方的信息共享和快捷沟通。纳税人通过手机（包括普通手机和智能手机）的浏览器可以手机申报、扣款；可以随时查询自己的征收管理信息、税务服务、办税公开等信息；可以向税务局手机网络咨询。系统还可以向税务工作人员提供手机版的"最新税务消息""今日税务公告""网上课堂"等栏目。移动税务信息系统服务这种新颖、快捷、高效的服务方式，将会有效地提升对纳税用户的服务质量。

移动信息化已越来越多地应用于税务工作中，税务执法人员在执行外勤公务时使用税务通，能够随时与税务部门内部的税务执法信息进行交互，以便更高效地执行公务。例如，一些地区率先推广的掌上税务系统，便于税务工作人员通过手机查验发票真伪、查询纳税人管理、征收信息，并及时获取公共信息和办公信息；同时，纳税人在获取税务机关批准后，也可以通过手机查询涉税信息、公告及相关政策。这些都会大大提高税务执法人员的执法水平和效率。

在移动互联网广泛普及和深入影响生活的方方面面的背景下，今后税务机关可以从建立掌上税务局（电子税务局）、拓展移动互联税务的多样性、增强用户对移动税务的粘性三方面发展税务移动互联，使其成为引领税务现代化的重要力量。

参 考 文 献

［1］许善达．中国税务信息化回顾与展望．电子政务，2009（10）：26 - 33.

［2］许善达．金税工程：一项政治体制改革的实践．中国税务，2003

(4)：4 - 10.

［3］蔡金荣．中国税收信息化现状与展望．中国税务网．http：//www. swpx. js. cn/csllyj/ShowArticle. asp？ ArticleID = 9912.

［4］国家税务总局．"互联网 + 税务"行动计划．http：//www. chinatax. gov. cn/n810219/n810744/n1762688/index. html.

［5］深圳市国家税务局课题组，刘军．爱尔兰、英国税务信息化建设概览．涉外税务，2007（3）：40 - 44.

［6］田冠军．澳大利亚 E - tax 对我国税收信息化征管的启示．重庆三峡学院学报，2010（4）：49 - 51.

［7］杨志勇．国地税分设已无必要　合并降低征管成本是大势所趋．搜狐财经．http：//business. sohu. com/20151014/n423228923. shtml.

［8］人民邮电报．税务信息化的"四化"趋势．中国信息产业网．http：//www. cnii. com. cn/informatization/2013 - 09/02/content_1213751. htm.

［9］冀广雨，李元林．关于税收信息化建设的几点思考．税收与企业，2002（11）：18 - 19.

［10］蒋敏元，李岩，孙承华，伊铭．关于税收信息化建设的若干思考．学习与探索，2002（6）：66 - 69.

［11］吴建，祝遵宏，王晓燕．我国税收征管信息化建设中的几点思考．审计与经济研究，2006（3）：71 - 73.

［12］杜丽娟．国税地税或 2020 年前不合并．中国经营报．http：//finance. sina. com. cn/china/20151024/041823563142. shtml.

［13］贺利娟．"四化一流"构建税务管理现代化新模式．中国财经报．http：//www. cfen. com. cn/cjxw/ss/201605/t20160512_1988006. html.

第**3**章

金税工程 20 年：实践、影响和启示^①

从 1993 年底，中国开始建立以增值税为主体的流转税制。随后，以加强增值税发票管理为主的金税工程开始在辽宁鞍山、江苏镇江和广东珠海试点。至今，金税工程先后经历三期、20 年的建设，已基本形成了覆盖全国所有增值税一般纳税人和部分小规模纳税人的国家税务信息系统。金税工程的成功实施，既有效地遏制了犯罪分子利用增值税专用发票进行偷逃税的违法活动，也有力地保障了国家的税源。如，因增值税专用稽核有问题，专用发票比例从 2001 年的 8.51% 下降到 2005 年底的 0.033%；增值税征收率由 2000 年的 52.60% 提高到 2007 年的 83.83%（许善达，2009）。同时，为金税工程开发的增值税防伪税控系统及其配套软件被企业广泛采用，直接推动了企业的信息化建设和管理水平。政府以服务外包的方式建立起来的为金税工程服务的庞大技术支持体系，也提高了对纳税人的服务质量。

尽管金税工程从 1994 年开始至今已经实施 20 年，被视为中国电子政务实施的典型代表，是目前最为成熟和完善的政府信息化工程。特别是其通过服务外包的方式推动税务信息化建设，是一种典型的政府将公共服务外包，这与目前政府大力提倡向社会机构购买

---

① 本章王长林发表于《电子政务》2015 年第 6 期，略有改动。

公共服务极其吻合。然而，到目前为止，还没有文献对金税工程的实践和经验进行系统回顾和总结。本章将对金税工程的实践进行概述，并从中总结一些政府信息化建设及其向社会机构购买公共服务的经验和启示，为中国电子政务的建设和发展提供参考和借鉴。

3.1 金税工程背景回顾

金税工程总称为中国税收管理信息系统（CTAIS），是国家信息化建设的重点工程（"十二金"工程）之一，从本质上讲，金税工程是以税收征管业务为主体，实现中国税务系统各项管理工作信息化和专业化。金税工程由于其覆盖全面、功能强大、监控有效、全国联网运行，已成为中国电子政务工程的核心系统之一。

金税工程始于 20 世纪 90 年代的流转税制改革。1994 年，中国实行以增值税为主体的流转税制度，新税制实施以后，一时还难以对增值税专用发票的使用进行全面有效的监督和管理。一些不法分子趁机伪造、倒卖、盗窃、虚开增值税专用发票，在短短几年内，司法机关就查处了一系列多地虚开增值税专用发票的恶性案件，这些严重扰乱了国家的税收秩序和经济秩序。对此，国家在打击伪造、倒卖、盗窃发票违法犯罪的同时，还决定利用现代信息技术来加强对增值税专用发票的监控和管理。1994 年 2 月，国务院成立了跨部门的国家税控系统建设协调领导小组，具体由金税工程办公室负责组织、协调系统建设工作。1994 年 3 月底，金税工程试点工作正式启动。1994 年 7 月，作为金税工程一期的增值税交叉稽核系统在 50 个大中城市试点。

与此同时，作为金税工程的重要环节——增值税防伪税控系统，按照"先试点，后推广"的精神，也开始在辽宁鞍山、江苏镇江和广东珠海三市试点。1996 年 1 月 1 日起，全国凡是开具百万元版增值税专用发票的企业，需要全部安装和运行防伪税控系统。为建立起一个对增值税专用发票进行监控的全国性的网络，国务院决定从 1998 年 8 月开始在全国推行金税二期工程建设。2000 年 1 月 1 日起，应国家税务总局要求，全国所有十万元版以上的增值税专用发票，全部纳入防伪税控系统的监控。截至 2003 年 7 月底，全国大约有 140 万增值税一般纳税人的增值税专用发票全部由防伪税控开票子系统开具。从 2003 年 8 月 1 日起，一般纳税人的增值税专用发票全部交由防伪系统开具，手写发票的历史宣告结束，金税工程二期建设原定目标圆满完成。

2005 年，为进一步加强税收信息化建设，保证税收收入持续增长，金税工程三期建设经国务院批准立项。2008 年 9 月 24 日，国家发展和改革委员会正式批准金税三期的初步设计方案和中央投资概算，标志着金税三期工程正式启动。2013 年 2 月 22 日，金税三期建设工程的重大阶段性成果开始运行——主要征管应用系统在重庆市的国税、地税系统开始单轨运行，标志着金税三期工程取得了阶段性重大成果。目前，金税工程在形成了全面覆盖增值税一般纳税人和部分小规模纳税人的全国性网络的基础上，已进入了全面建设和推广阶段。可以说，增值税防伪税控系统是中国"前无古人，后无来者"的创造发明，该系统于 2003 年获得国家科学技术进步二等奖。

简言之，金税工程是一项中央推行、地方密切配合的税务信息化系统工程，其已被看作增值税的生命线，是打击偷骗税的杀手锏，是税务干部队伍廉政建设的重要保障（许善达，2003），还有利于提高税收部门的工作效率和税收征管质量，加强企业内部管理和提高防范财务风险的能力。

3.2　金税工程的主体和客体

从金税工程的发展实践来看，政府是防伪税控系统的推广方，负责提供内容服务（如，税务资讯，相关法规）；服务代理商

（如，航天信息）通过政府（如，国家税务总局）授权，负责全国
防伪税控系统的技术支持和服务；服务代理商负责系统的开发和设
计（如，防伪税控系统），并为一般纳税人企业提供技术支持服务。
值得强调的是，服务代理商在防伪税控系统的服务过程中扮演着中
介和桥梁的作用，它既为企业提供软件和技术支持等服务，同时，
也负责收集企业对防伪税控的意见和建议，并将其反馈给政府。

因此，以增值税防伪税控系统为核心的金税工程涉及的主体
（主要参与方）有三个：以各级国税系统为代表的政府，负责防伪
税控系统技术支持的服务代理商和使用防伪税控系统的一般纳税
人——企业；金税工程的客体是指，增值税防伪税控系统。它们之
间的具体关系，如图 3-1 所示。

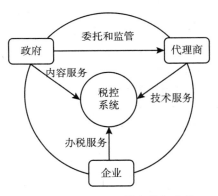

图 3-1　金税工程的主体与客体

3.3　金税工程的主要实践

3.3.1　金税工程的服务体系

国家税务总局在金税工程伊始，就委托给中国航天工业总公司

（现在由航天信息股份有限公司承担）负责技术推广和维护。逐步形成了"航天信息总公司—省级分子公司—市（县）级分公司（服务站）"的服务体系，该服务体系基本可以概括为"覆盖范围广、服务单位多、服务成本高、单位性质多样"（职菲，2013）。

通过国家税务总局授权航天信息负责全国防伪税控的技术推广和服务，并在此基础上形成的服务商代理制度具有一些显著的优点。如，市场化的外包有利于提高服务效率；严格的考评机制保障了服务体系的健康发展；本地化的服务有利于建立和谐的客户关系，提高服务质量（陈奇星，2012；杨雅芬，2013）。

3.3.2　金税工程的服务模式

金税工程服务模式的变化过程，大致经历了三个阶段。第一阶段，1994～2000 年，以上门技术服务为主；第二阶段，2001～2008 年，上门技术服务与互联网的在线服务方式相结合；第三阶段，2009 年至今，传统服务、互联网以及移动服务相结合。

（1）线下服务模式

线下服务是指，借助传统的交流方式（如，"面对面"的交流，电话等）为客户提供的技术支持和服务。A 公司为企业提供的线下服务方式主要有以下四种。

①系统使用前技术培训服务。
②上门技术支持服务。
③电话技术支持服务。
④A 公司用户联谊会和专题座谈会。

"面对面"和电话等线下服务手段具有及时、可视化、传递的信息丰富等特点，能够很好地拉近与客户的距离，这对形成良好的客户关系，提高客户满意度具有积极作用（Aryee et al.，2013）。

（2）线上服务模式

线上服务是利用互联网等新兴技术手段为客户提供的技术支持和服务。为改善服务质量，A公司还利用互联网等现代技术为用户提供在线技术支持和服务，特别是A公司网站的开通，为在线技术支持和服务提供了平台。目前，A公司提供的线上服务主要有以下六种。

①在线业务办理。

②在线技术支持。

③在线服务监督。

④在线访谈和在线调查。

⑤虚拟社区服务。

⑥移动技术支持服务。

线上服务快速、便捷、随时随地和全天候不间断的特点，对降低客户业务处理成本，改善服务质量具有积极的影响（Ahn et al.，2005）。

3.3.3　金税工程双重监管制度

早期税务系统犹如一个大金字塔，其结构是"国家税务总局—省（县市）级国家税务局—税务所"，最底层的税务机关具有很大的权力，特别是税务专管员。一个税务专管员通常负责若干家企业，企业的纳税申报，需要通过税务专管员的签字认定。因此，要控制税源，就必须改变单纯由税务专管员签字认定的模式，需要把每一个税务干部的自由裁量权缩小甚至消除。否则，技术的先进性会因为人为因素的干扰而制约其发挥控制作用的空间。为此，国家税务总局在防伪税控技术和业务上都做了大量的调整，如，在企业报税方面，一方面，通过流程管理来取代原先的税务专管员制度，每个流程均需要交叉授权；另一方面，将一部分业务交由上级税务机关处理。国家税务总局通过削减具体工作人员的税收自由裁量权，有利于防伪税控技术真正发挥监控税源的作用。专管员自由裁量权的降低，减弱了在确定企业纳税额过程中税务专管员的干扰作用，确保了企业在纳税额分配上的公平性，有利于保障企业的纳税权益，为营造公平纳税的社会环境提供了可能。

从系统功能上讲，防伪税控系统分为企业客户端和税务客户端，企业客户端用于企业开具增值税专用发票，税务客户端用于税务机关对企业开票的制约和监管，如图 3－2 所示。

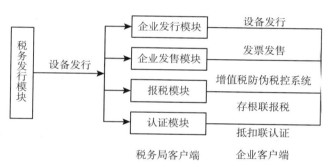

图 3－2　防伪税控系统的功能结构

为确保程序公平，金税工程在设计防伪税控系统时，在规范征纳行为、监督税务工作人员和企业纳税行为方面进行了一系列创新性的设计。金税工程在设计时遵循四条原则：（1）金税工程为把一部分执法权从基层上收到县级、市级、省级国家税务局和国家税务总局在税局架构上只设"国家—省级—市—县"4 级网络，不设税务所；（2）金税工程按流程设计，纳税人和基层税务人员的征纳行为由专人负责并备案，并且每个环节都要交叉授权；（3）纳税人和基层税务人员的征纳行为在防伪税控系统中均有记录，并且这些记录不能随意更改或删除；（4）上级税务机关可以直接监控纳税人和基层税务人员的征纳行为，而且能在全国范围内核查和比对。

3.4 金税工程的影响

3.4.1 有效地遏制了偷税与漏税

"金税工程"利用互联互通的网络技术,实现全国税务系统之间的互联互通、信息共享,并对各税种和各环节实行监控和管理。国家税务总局的统计分析表明,这一工程有效地提高了税务机关防范和打击虚开增值税专用发票案件的能力,犯罪分子的活动空间越来越小。例如,在金税工程的二期建设过程中,根据国家税务总局对 2001 年由总局稽查局督办的 57 起虚开增值税发票案进行了分析,结果表明,金税工程全面开通前后,案件数量明显减少,虚开发票的作案周期越来越短,虚开增值税发票企业骗抵税款的手段受到了有效限制,单份发票涉及金额大幅降低。作案企业中,商贸企业所占比重越来越大。金税工程的成功实施,既有效地遏制了犯罪分子利用增值税专用发票进行偷逃税的违法活动,也有力地保障了国家的税源。如,因增值税专用稽核有问题的专用发票比例从 2001 年的 8.51% 下降到 2005 年底的 0.033%;增值税征收率由 2000 年的 52.60% 提高到 2007 年的 83.83%。

3.4.2 提高了纳税人服务质量

服务代理商的服务方式,可以分为线下服务(如,上门技术服务、技术培训会、电话服务、座谈会、联谊会等)和线上服务(在线业务办理与技术支持、在线访谈和服务调查、虚拟社区、移动服务等)两种。"面对面"和电话等线下服务手段具有及时、可视化、传递的信息丰富等特点,能够很好地拉近与客户的距离,有利于形成、保持良好的客户关系和提高客户满意度。线上服务具有快速、便捷、随时随地和全天候不间断的特点，有利于降低客户业务处理成本、改善服务质量和提高客户满意度（Akter et al.，2013）。

3.4.3　营造了公平的纳税环境

防伪税控系统通过流程管理取代原先的税务专管员制度来提高程序公平；通过削减税务工作人员的税收自由裁量权，来提高分配公平；通过网上申报减少企业与税务机关工作人员接触的机会，来提高人际公平。也就是说，防伪税控系统通过规范税务管理人员的执法行为，减少税务执法人员的自由裁量权，减少了税务机关工作人员的腐败和徇私舞弊，为营造一种公平的纳税环境提供了保障。这在具有浓厚"关系"文化背景中显得尤为重要，因为它能有效地降低因"关系"强弱而导致业务办理难易程度的差异（To et al.，2013）。研究表明，组织中员工感知到的公平性越强，其对组织的满意度就越高（del Río-Lanza et al.，2009）。从这个意义上说，企业对金税工程提供的相关服务的公平性感知越强，其对政府的满意度也可能越高。

3.5　金税工程的经验

3.5.1　分步实施，重点突破

在信息系统建设过程中，分步实施战略又称为渐进性实施战略。在实施信息化过程中，之所以需要采用分步实施战略，其原因在于分步实施能把投资风险降到最低，有利于积累经验和培养人才，有利于树立团队信心，从而形成良性的循环。在金税工程的实施过程中，整个过程分为三期建设，金税工程一期重点是开发增值税专用发票管理系统，二期重点是实施金税工程的四个子系统，三期主要目标是构建全面的税收管理系统。通过分步实施、重点突破，有利于集中优势和资源，先解决最重要的环节，保证了金税工程系统建设的顺利实施。

3.5.2　技术与业务相结合

技术与业务相结合，是实施信息化的基本原则。信息技术从本质上讲是一种手段，使用技术的根本目的是为了促进业务的发展。金税工程实施的主要目的，就是为了控制税源，防止偷税漏税。金税工程在实施过程中，除了建立相应的技术系统外（如，增值税防伪税控系统），也伴随着一系列税收管理体制的变革。如，在税收征管体制上，取消税务所的执法权；在业务流程上，实行交叉授权，逐渐缩小税务机关的自由裁量权。

3.5.3　良好的服务模式是支撑

金税工程初期能否成功推广的重要因素，在于对防伪税控系统技术服务的好坏，这主要是因为：第一，以增值税防伪税控系统为核心的金税工程是一个复杂的系统工程，涉及面广泛（包含全国增值税一般纳税人和各级国家税务局），部分企业对于新系统的认识还存在不足，难免在推广过程中存在抵触情绪。第二，20世纪90年代，国内计算机技术刚刚兴起，企业对计算机和软件知识的了解还很少。但增值税一般纳税人几乎每天都要使用计算机和防伪税控系统开票，由于国家对专用发票的抵扣有严格的时间限制。一旦系统出现问题，特别需要有专业的技术服务人员尽快解决。第三，为了防止系统漏洞和完善系统本身存在的一些不足，软件也需要不断升级和更新换代。所有这些，都离不开专业的技术服务人员，而专业的技术服务能够降低金税工程推广应用的难度，降低客户维护成本。通过摸索，金税工程建立了覆盖全国的三级服务体系，实行线上与线下相结合的业务模式，较好地满足了客户的需求，保障了金税工程的顺利实施。

3.6　结　　语

金税工程是一项中央推行、地方密切配合的税务信息化系统工程，它在提高纳税人服务质量，确保社会公平方面发挥了重要作用。金税工程成功实施的主要原因在于：（1）通过公共服务外包建立一个覆盖全国一般增值税纳税人的服务网络，特别是服务代理商采用线上与线下相结合的服务模式提高了服务质量，赢得了用户的理解和支持；（2）增值税防伪税控系统在对纳税人的缴税行为进行监督的同时，也对基层国家税务局的办税工作人员的行为进行监督和规范，营造了公平的纳税环境，从而提高了企业对电子政务系统的信心；（3）通过渐进性的实施战略，减少了实施风险，保障了金税工程的顺利推进。

参 考 文 献

［1］陈奇星 . 完善基层政府公共服务外包的思考：基于上海市的研究 . 中国行政管理，2012（11）：77 - 79.

［2］许善达 . 中国税务信息化回顾与展望 . 电子政务，2009（10）：26 - 33.

［3］许善达 . 金税工程：一项政治体制改革的实践 . 中国税务，2003（4）：4 - 10.

［4］杨雅芬 . 电子政务服务质量评价研究及启示 . 情报资料工作，2013（6）：69 - 74.

［5］职菲 . 聚焦客户服务为本，打造体系管理为纲 . 航天信息服务专刊，2013（2）：21 - 25.

［6］Ahn T. , Ryu S. , Han I. The impact of the online and offline features on the user acceptance of internet shopping malls. Electronic Commerce Research and Applications, 2005, 3 (4): 405 – 420.

［7］Akter S. , D'Ambra J. , Ray P. . Development and validation of an instrument to measure user perceived service quality of m-health. Information & Management, 2013, 50 (4), 181 – 195.

［8］Aryee S. , Walumbwa F. O. , Mondeja R. , Chu C. W. . Accounting for the influence of overall justice on job performance: Integrating self-determination and social exchange theories. Journal of Management Studies, 2013, 11 (6), Publication in Advance.

［9］del río – Lanza A. B. , Vázquez-Casielles R, Díaz-Martín A. M. , Satisfaction with service recovery: Perceived justice and emotional responses. Journal of Business Research, 2009, 62 (8): 775 – 781.

［10］To W. M. , Tam J. F. Y. , Cheung M. F. Y. Explore how Chinese consumers evaluate retail service quality and satisfaction. Service Business, 2013, 7 (1): 121 – 142.

第4章

基于金税工程的电子税务软件收费模式①

　　金税工程从 1994 年开始至今已经实施 20 多年，以金税工程为代表的电子税务是目前最为成熟和完善的政府信息化工程。政府在推广金税工程的过程中，将电子税务系统的开发和技术支持等服务委托给第三方，建立了覆盖全国的增值税防伪税控系统服务网络。如，金税工程的服务网络共由 221 家独立法人公司组成，其中，包括 30 余家省级服务单位，137 家地市级服务单位和 48 家区县级服务单位；有超过 15000 名技术服务人员为客户提供上门技术支持服务和电话服务（截至 2013 年 12 月）（职菲，2013）。服务代理商除了采用传统的线下服务外，同时还借助金税服务网、移动网设备和网络为客户提供线上的技术支持与服务。可以说，技术维护和服务是金税工程成功实施的基础和保障。

　　关于金税工程的研究因此也引起了不少学者的关注，归纳起来主要集中在三点：一是技术层面展开（如，金税工程技术架构、软件应用）（刘若鸿，王应科，2009；焦丹勋，李春平，2007）；二是金税工程实施情况介绍（许善达，2013）；三是金税工程成功实施的经验等（许善达，2003）。尽管金税工程被看作中国电子税务成功实施的典范，尤其是在服务模式上被人们广为称道。然而，现有

---

① 本章发表于王长林《许昌学院学报》2015 年第 5 期。

文献针对金税工程的服务模式，特别是软件收费模式的研究还较少。为弥补这些不足，本章将从金税工程入手，具体分析其软件服务模式，希望给中国电子税务的发展提供一些经验和借鉴。

4.1 金税工程的演变过程

金税工程总称为中国税收管理信息系统（CTAIS），是国家信息化建设的重点工程（"十二金"工程）之一，它是为加强对增值税开票、认证、交叉稽核和协查的管理，将增值税一般纳税人专用发票的认定、领购、纳税申报、税款缴纳的全过程实现网络运行。从本质上讲，金税工程是以税收征管业务为主体，实现中国税务系统各项管理工作信息化和专业化。许善达（2013）论述到，金税工程由于其覆盖全面、功能强大、监控有效、全国联网运行，已成为中国电子政务工程的核心系统之一。

金税工程的起因，源于20世纪90年代的流转税制改革。1994年，中国实行以增值税为主体的流转税制度，新税制实施以后，一些不法分子为攫取非法收入，趁机伪造、倒卖、盗窃、虚开增值税专用发票。对此，国家在打击伪造、倒卖、盗窃发票违法犯罪的同时，还决定利用现代信息技术来加强对增值税专用发票的监控和管理。1994年3月底，金税工程试点工作正式启动。随后，作为金税工程中的重要环节的为增值税防伪税控系统开始在辽宁鞍山、江苏镇江和广东珠海三市试点。1998年8月，开始在全国推行金税二期工程建设，至2003年7月底，防伪税控开票子系统全面覆盖全国约140万增值税一般纳税人，金税工程二期建设原定目标圆满完成（许善达，2003）。为进一步加强税收信息化建设，保证税收收入持续增长。2008年9月，金税三期工程正式启动，标志着税务信息化进入了全面建设和推广阶段。

国家金税工程网络由四级分层结构组成：国家税务总局、省级国家税务局、地市级国家税务局和区县级国家税务局。链接金税工程网络的关键软件是增值税防伪税控软件，它分别由增值税防伪税控开票子系统、防伪税控认证子系统、增值税稽核子系统和发票协查信息管理子系统四部分组成。

4.2   电子税务软件的收费模式及其特征

电子税务是指，税务机构借助信息技术（ICT），特别是互联网技术构建可以完成传统税务机关各项管理职能与服务职能，为纳税人提供更加方便、快捷、安全的服务。电子税务的核心特征，是对传统税务的扬弃，一方面，传统税务的主体业务要向网上转移；另一方面，电子税务又将不断创造出新的适合于互联网特点、适合纳税人多元化需求的个性服务。通过计算机信息技术构建的电子税务平台，能够提高政府行政效率、改善政府效能、扩大民主参与、有效推动政府职能转变、提高公众对政府的满意度以及建设服务型政府等。这也已经成为中国政府行政管理改革发展的方向。

电子税务是一项复杂的系统工程，采取软件服务模式就是其中的一个重要体现，所以对软件服务模式的研究就显得尤为重要。通过对软件服务模式的研究，我们可以分析预测未来的软件服务模式或者分析不同的软件产品随着政府执政理念、社会经济环境、技术水平的变化，其服务模式也会产生相应的变化。当环境发生变化时，我们可以相应地调整其软件服务模式，从而让政府、企业和代理商满意。

4.2.1   软件服务

服务是一种普遍的社会现象。服务可以定义为用于出售或者连同产品一起出售的活动、利益或满足感。其中，既包含出售商品，也包含其他附加值，如，感知价值和满意度等。软件服务可定义为以软件知识和技能为基础，向目标客户（用户）提供产品和服务（如，软件生产、扩散、升级和应用等），借以实现或者提升用户满意度的总称。

软件服务主要依靠软件为支撑，辅之以优质的服务来提高用户满意度。因此，在软件服务模式中，要充分地掌握软件的主要性能及特点、软件使用的复杂程度、软件的专有性和强制性、使用人员的自身素质。软件即服务是一种新型的软件服务模式，这种模式的诞生，使得软件具有更佳的基础。一方面，软件服务商不得不对客户的满意度给予更加密切的关注，并由此对软件问题及扩展需求作出更快的响应，从而使软件服务更趋于标准化。另一方面，又能照顾到个别企业的特殊要求，高频率的升级完善，使客户感觉每一个软件修订都是吻合自己的需求。目前，越来越多的企业倾向于采取集中式软件服务模式，因为这些企业用户再也不必负担系统的基础结构、IT 维护人员以及诸如应用程序管理、监控、维护和灾难恢复等操作性问题的成本，基本的服务都由软件服务提供商来统一管理和服务。

目前，针对软件收费模式的研究还大多集中在商业领域，如在线服务软件（Saas）收费模式（郭彦丽等，2009；郭健等，2007），网络游戏收费模式（张言彩等，2006；李长银等，2015）。针对公共服务领域的软件收费模式的研究还较少，尤其是针对电子税务软件的收费模式。根据金税工程的业务实践，电子税务软件收费模式分为以下三种类型：（1）免费模式（自助模式）；（2）部分收费模式（软件收费模式或服务收费模式）；（3）完全收费模式。下文将分别对三种模式展开论述。

4.2.2　电子税务收费模式分析

电子税务软件收费模式如图 4 - 1 所示。

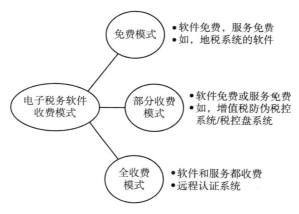

图 4 - 1 电子税务软件收费模式

（1）免费模式

软件的免费服务模式也称为自助服务模式，就是指用户使用软件免费，但软件开发企业不提供直接的服务。在免费服务模式下，软件服务商向用户提供免费的软件，并提供一些基础性的通用服务；如，将软件的使用方法和常见的问题挂在网站上，需要用户自己下载和学习，平时并不直接为用户提供"面对面"的服务或电话服务。在这种模式下，通用性的服务由软件开发企业提供，尽管用户享受的服务是免费的，但这些服务实际上是政府已经为用户埋单了。这种模式实现的途径，是政府通过向社会机构购买公共服务，然后免费提供给用户使用。在电子税务中，典型的免费服务模式如地税系统的软件，以及国税系统中的运输发票软件。免费模式是由政府主导的，也就是将电子税务软件当作公共产品，它符合古典公共管理理论；即，公共利益被假定为政府的唯一动机，为公众服务是无私的付出。

（2）部分收费模式

在金税工程的实践中，该模式主要有两种类型：一是软件收费，但服务免费；二是软件免费，但服务收费。

部分收费模式又称软件收费模式或服务收费模式，是指软件开发企业要么针对软件本身收费，要么针对与之相关的技术支持和服务进行收费。在部分收费模式下，存在两种情况，一种情况是软件开发企业对基本软件的使用免费，但与之相关的服务及增值服务收费，一般按年收费。在电子税务中，类似的软件有互联网纳税申报软件、增值税防伪税控系统以及流动人口管理软件。另一种情况是，软件开发企业对用户提供软件进行收费，但对后续的服务免费，一般按年进行收费。在电子税务中，采用这种服务模式的典型案例是税控盘软件。部分收费模式，在本质上是一种半市场化与半政府主导的行为，它介于古典管理理论与新公共管理理论之间。

（3）完全收费模式

完全收费模式，又称全收费模式，是指软件开发企业不仅针对软件本身收费，也对与之相关的后续技术支持和服务收费。在全收费服务模式下，用户需要自行购买软件，而且在使用过程中还需要按年向软件运营与维护企业缴纳费用。在电子税务中，典型的案例是远程认证系统、常住人口系统、旅馆、保安等公安系统。全收费模式是公安信息化领域最主要的软件服务模式，它是一种纯市场化的行为，符合新公共管理理论，它是"以市场为基础的公共行政"，在政府的管理过程中引入市场化的行为。用户不仅能使用较好的产品，还能享受优质的服务。

4.3 金税工程中的主流服务模式

从目前的金税工程实践来看（如，用户使用群体最广的增值税防伪税控系统），政府采用的主流服务模式是部分收费模式，该模式的特点是服务商向企业免费提供电子税务软件，通过提供后续的服务向企业收取相应的服务费。部分收费模式的优点在于，有利于减少软件推广的阻力，也有利于提升用户的满意度。

金税工程涉及的主要参与方有四个：税务部门、软件设计公司、电信运营商和用户（企业）。但在实践中，电信运营商作为一种基础服务方，通常不予以考虑。因此，金税工程中的主要参与方实际上有三个：政府、软件公司（服务商）和用户（企业）。三者的主要职能如下。

政府实际上就是电子税务的内容提供者，其主要职责是根据用户的需求，对信息（文本、图像、音频、视频等）进行收集和集成，并通过软件商和电信运营商提供给目标客户。

软件提供商主要是指，为电子税务提供软件平台和技术服务的代理商。从目前中国电子税务的发展实践来看，政府一般是将政府服务的软件外包给特定的代理商。代理商根据政府的要求和企业的需求开发出符合要求的软件供企业使用，并提供相应的技术支持和服务。代理商在这中间扮演的角色是既为用户提供软件，也为其提供后续的支持和服务。

用户是使用金税工程终端的企业或个人，他们持有终端设备，基于网络技术和软件应用平台（电子税务系统），随时随地获取政务信息或者与政府工作人员进行在线互动。

4.4　典型案例分析

增值税防伪税控系统是金税工程的核心系统，该系统集成了防伪税控系统，集计算机、微电子、光电技术以及数据加密等技术为一体。企业采用防伪税控系统后，必须用该系统开具增值税发票。整个系统以增值税专用发票为核心，从发售发票时的源头控制，发票填开时的防伪与计税到发票抵扣时的识伪，以及增值税专用发票的抄报税等各个环节提供了强有力的监控手段，即通过票源、税源控制和防伪、识伪技术达到对增值税专用发票防伪和税控的双重功效。

从金税工程的发展实践来看，政府是防伪税控系统的推广方，负责提供内容服务（如，税务资讯、相关法规）；服务代理商（如，航天信息）通过政府（如，国家税务总局）授权，负责全国防伪税控系统的技术支持和服务；服务代理商负责系统的开发和设计（如，防伪税控系统），并为一般纳税人企业提供技术支持服务。值得强调的是，服务代理商在防伪税控系统的服务过程中扮演着中介和桥梁的作用，它既为企业提供软件和技术支持等服务，同时也负责收集企业对防伪税控的意见和建议，并将其反馈给政府。下面，以防伪税控系统为例，具体说明这一服务模式，如图4-2所示。防伪税控系统主要涉及三方：税务机关、企业和服务商。

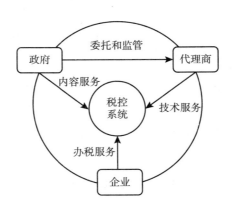

图4-2 金税工程服务模式的参与方

税务机关作为内容提供方。首先，它根据纳税服务的需要，向代理商提出办税业务需求；其次，代理商根据税务机关的需求提出设计方案，并完成系统的开发。最后，系统开发完成后，系统中的相应模块的内容需要税务机关收集和提供，这些模块包括：（1）申报扣款服务。为纳税人提供在线填写申报表和财务报表服务，并进行申报、扣款和报表查询，以及申报、扣款结果查询；（2）一般查询和征收查询。纳税人通过查询能够清楚地知道企业在"征收管理系统"中的状态，以便纳税人办理涉税事宜；（3）涉税查询。该查询能够帮助纳税人获取常见的数据信息；（4）增值服务。网络咨询、信息公告以及其他在线服务等，加强纳税人与税务局之间的互动。

代理商负责办税系统的开发和维护，通过提供税务要求的软件，并给一般纳税人提供技术支持服务收取软件费用和服务费用。其中，后续给企业提供的支持服务主要有：通过本地化的服务网络给企业提供上门维护、定期回访和技术培训服务、通过呼叫中心给企业提供热线咨询和电话回访服务、通过专业网站提供线上支持和在线访谈服务。代理商是链接税务局和企业的桥梁，是改善税务机关和企业用户关系的重要"抓手"。

一般纳税人（企业用户）通过访问办税大厅系统获取信息，实现纳税查询、申报、扣款和在线咨询等服务。一般纳税人作为防伪税控系统的最终用户，通过系统办理相关业务。

在增值税防伪税控系统服务中，增值税防伪税控系统软件由软件服务商开发，免费供用户使用。但相应的硬件产品（金税卡、IC卡等）需要用户在税务机关授权的公司购买，并且后续维护和服务是按年收费，收费标准由相关部门核算和认定。

4.5　完善中国电子税务收费模式的政策建议

在电子税务建设初期，电子税务收费模式主要是部分收费模式。一方面，作为公共产品的电子税务，政府为企业免费提供公共信息和服务，并在系统推广上给予一定的优惠措施；另一方面，政府推广电子税务的通行做法是通过指定或招标特定企业作为代理商，由代理商为企业提供服务，使用产品和服务的企业需要向代理

45

商支付一定的费用。这种部分收费模式在电子税务建设和推广过程中发挥了重要作用。随着中国经济的发展和政府管理水平的提高，推行政府向社会力量购买电子税务服务是创新电子税务服务方式，加快发展电子税务的重要途径。为适应这一要求，政府可以从以下几个方面进一步完善电子税务服务。

4.5.1 收费模式从部分收费模式向免费模式转变

从本质上讲，电子税务属于公共服务的范畴。在电子税务发展初期，由于国家财力有限，采取了部分收费模式。时至今日，中国已经完全有能力为企业和公民提供免费的电子税务服务。电子税务采取免费模式，既有利于电子税务服务的推广和普及，也有利于有效地提高公民和企业的满意度，对于构建服务型政府具有重要的现实意义。

4.5.2 通过向社会组织购买电子税务服务，提高服务质量

在电子税务领域，政府向社会组织购买社会服务取代政府直接提供电子税务服务，是电子税务公共服务需求多元化和加快政府职能转变的双重需要。政府向社会组织购买电子税务服务，不仅能节约成本，提高政府服务效率；还能有效地推动政府职能转变，推动公共服务模式的创新。这对增强公民参与意识，激发社会活力，提高公共服务质量具有重要的意义。

4.5.3 加强电子税务服务监管，建立服务监督机制

政府为企业提供免费电子税务服务，或向社会组织购买电子税务服务，很容易走向极端，即成了"甩手掌柜"，从而导致社会管

理质量下降，公共政策低效。为有效地避免"政策失灵"，政府有必要完善日常监督体系，确保为企业和公民提供高质量的电子税务服务；建立、健全政府购买电子税务服务的监督评价体系，以确保购买的电子税务服务的实施质量能够达到预期目标。

4.6 结　语

金税工程是中国电子政务的核心工程，其成功实施对中国电子政务的发展具有重要意义。结合金税工程的实践，本章总结出了电子税务的三种模式：免费模式、部分收费模式和完全收费模式。作为金税工程的核心软件之一的增值税防伪税控系统，是目前纳税人使用最广的系统，其主要的服务模式是部分收费模式。在这一服务模式中，主要的参与方有各级税务机关、用户和代理商。随着经济和社会的发展，政府有必要采取免费服务模式，向社会组织购买电子税务服务，建立监督及评价体系，进一步完善电子税务服务收费模式。本章的研究意义在于，通过对电子税务收费模式的分析，一方面，有利于为其他类型的电子政务提供借鉴（如，电子警务）；另一方面，通过分析收费模式中的主要参与方及其职能，有利于政府加强对电子税务的管理，从而提高用户的满意度。

参 考 文 献

　[1] 郭健，高巨山，韩文秀. 在线软件服务（SaaS）收费模式探讨. 价格理论与实践，2007（9）：70 – 71.

　[2] 郭彦丽，严建援，陈建斌. 基于 SaaS 的在线软件服务定价模式研究. 经济问题，2012（6）：47 – 50.

　[3] 焦丹勋，李春平. 面向金税工程的依赖注入模式研究与应用. 计算机工程与设计，2007（1）：182 – 185.

　[4] 李长银，陈慧慧，高寒. 网络外部性视角下的网络游戏产业收费模

式研究. 经济经纬, 2015 (1): 66 - 71.

[5] 刘若鸿, 王应科. 关于"金税工程"三期税务决策支持系统建设的若干思考. 税务研究, 2009 (3): 88 - 91.

[6] 许善达. 中国税务信息化回顾与展望. 电子政务, 2009 (10): 26 - 33.

[7] 许善达. 金税工程: 一项政治体制改革的实践. 中国税务, 2003 (4): 4 - 10.

[8] 职菲. 聚焦客户服务为本, 打造体系管理为纲. 航天信息服务专刊, 2013 (2): 21 - 25.

[9] 张言彩, 李超. 网络游戏的收费模式. 价格理论与实践, 2006 (7): 38 - 39.

第5章

基于用户参与的省级国家
税务局网站绩效评价①

5.1 网站评价概述

5.1.1 省级国家税务局网站的现状

信息化是当今社会发展的趋势，以互联网为基础建立电子政务公共服务体系是中国中长期信息化发展战略的重点之一。税务机关是政府的主要组成机关之一。在中国，大部分城市税务局都已经建立起自己的网站，建立通畅的税收政策查询渠道，以灵活的宣传方式帮助纳税人了解国家的税收法律法规，开展网上涉税服务，利用信息技术提高涉税服务水平，为纳税人提供一个公开办公程序的交互办公平台。

经过30多年的税务信息化建设，目前税务行业的信息化建设已经取得了较大的成绩。在税务信息化中，尤其是税务网站无论是

① 感谢河南财经政法大学电子商务与物流管理学院电子商务专业2014级本科生陈欣、秦鹏云、李晓晓在资料收集方面的协助。

在应用的广度和深度上都取得了不俗的成绩，整体上看，国内税务网站的发展态势良好，拥有率不断提高、建设更加深入、定位越发清晰、应用效果逐步显现，为中国税务现代化、税务服务国家治理现代化作出了重要贡献。然而，不可忽视的是，目前的应用还存在一些缺陷。如，网站功能单一、信息准确率有待进一步提高；网站维护较少，更新不及时；网站经常打不开，域名使用不规范；人员配备不合理；没有专门人员维护；网站安全意识薄弱，网站存在安全威胁。

5.1.2　国内省级国家税务局网站绩效评估

国内关于政府网站绩效评估的研究目前仍处于起步阶段，理论研究尚少且不成熟，但也表现出越来越热的趋势。就绩效管理评估而言，目前国税部门的绩效评估主要有以下几种方法：（1）目标管理考核。这种方法较为常用，基本上是根据纳税服务部门的工作职责，如，服务规划、征收管理原则等方面，依据税务机关年度工作任务和目标对税务机关进行考核。（2）执法责任制。即将税收执法责任层层分解，落实到每一个具体执法人员和岗位，然后对其进行考核和问责的行政问责机制。（3）能级管理。能级管理模式主要遵从的原则，是"以考定分、以分定岗、按级取酬、全员参与、动态管理"，在此基础上实行岗位责任制管理。（4）公务员考核。依据公务员管理办法或法规，从公务员的品德、能力、出勤、业绩等方面对其进行日常考核和管理的方法。（5）专项检查和行风评议。针对某一方面工作，由各级政府、人大、审计、财政监督等部门组织开展各项专项检查活动和行风评议活动，从而优化税务工作质量和作风。

5.1.3　现有研究存在的不足

通过对不同的研究进行总结发现，国内以往对政府门户网站服务质量考评的研究比较匮乏，且存在以下几方面不足：（1）绩效评估制度不健全。政府网站绩效评估缺乏顶层设计，指标体系设计随意性比较大。（2）没有从用户的角度出发。目前，在整个评估体系中，很少从用户的角度展开。（3）评估方式缺乏灵活性。大多数评估体系都是事先给定一个"模板"，然后按部就班地进行，容易造成"千网一面"，没有体现网站的丰富性。（4）指标权重设计需要引导。当前，指标权重不合理，信息公开较大，在线办理和互动较少，难以推动政府网站向着"交互层次"和"政务处理层次"的更高阶段进化。

5.2 评价指标体系构建

参考信息系统成功模型和现有多个评价中心设计的省级政府网站绩效评价指标体系，我们设计了本章中的指标体系，所采用的指标体系由3个一级指标，6个二级指标，36个三级指标组成，并为每个指标合理分配比重，指标主要涉及网站内容、功能服务，网站质量，重点是测评网站功能服务。通过对各省区市税务网站的各指标计算评分，得出模块分数，由此总结出网站功能的整体绩效及完善程度。

一级指标下的政务公开，分为税务新闻、税务公报、政策法规及解读、便民服务、机构设置、领导分工、人事任免、办税流程、部门人员、数据查询等十项政府网站服务设施，所占权重为30%，属于国家税务网站的基础类服务建设。网站功能服务分为网上办公、网上监督、公众反馈、特色功能四项建设，网站功能模块主要针对政府办公，受民监督。功能模块也是政府门户网站建立的重大目标之一，同时也是很多政府网站建设的不足之处。网站质量指标重在反映网站技术性建设，旨在反映政府网站的建设技术的完善度及成熟度。

我们此次的三级树形评价体系采用多层次、多目标评价模型，并以定量数值反应结果，其中，加入了网站互动模型的评价，在功能和应用方面呈现中国国家税务网站的现状和水平，如表5－1所示。

表5－1　　　　　　　　　国家税务网站指标评价体系

一级指标	指标权重	二级指标	指标权重	三级指标	分值
1. 网站内容服务指标	30%	1.1　政务公开	100%	1.1.1　税务新闻	10
				1.1.2　税务公报	10
				1.1.3　政策法规及解读	10
				1.1.4　便民服务	10
				1.1.5　机构设置	10
				1.1.6　领导分工	10
				1.1.7　人事任免	10
				1.1.8　部门人员	10
				1.1.9　办税流程	10
				1.1.10　数据查询	10
				网站内容服务指标总计	100
2. 网站功能服务指标	40%	2.1　网上办公	30%	2.1.1　导航服务	15
				2.1.2　组织机构链接	15
				2.1.3　办税指南	15
				2.1.4　网上咨询	15
				2.1.5　网上查找	15
				2.1.6　网上申报	15
				2.1.7　网上审批	10
		2.2　网上监督	30%	2.2.1　监督曝光	50
				2.2.2　举报方式查询	40
				2.2.3　受理查询	10

续表

一级指标	指标权重	二级指标	指标权重	三级指标	分值
2. 网站功能服务指标	40%	2.3　公众反馈	30%	2.3.1　政府信箱	20
				2.3.2　在线留言	20
				2.3.3　网上调查	20
				2.3.4　政务微博	20
				2.3.5　在线论坛	20
		2.4　特色功能	10%	2.4.1　在线访谈	30
				2.4.2　热点专题	40
				2.4.3　在线反馈	30
				网站功能服务指标总计	100
3. 网站质量指标	30%	3.1　设计特性	100%	3.1.1　网站导航	10
				3.1.2　搜索功能	10
				3.1.3　语言版本	10
				3.1.4　及时更新	20
				3.1.5　点击率统计	10
				3.1.6　手机访问版本	20
				3.1.7　网络安全提醒	10
				3.1.8　网站使用帮助	10
				网站质量指标总计	100

5.3　评价结果概述

　　根据以上设计的指标，本章对 2015 年全国部分省级国家税务局网站进行了评价。学术界普遍认可政务公开、在线办事和公共参与是政府网站的基本定位，也是目前国内大多数政府网站绩效评估模型的基本考察面。此次针对各省区市的国家税务网站的研究结果，如图 5 - 1 所示。

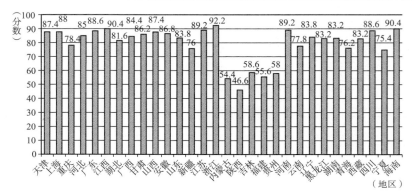

图 5-1   各省区市国家税务网站评分结果（2015 年）

从图 5-1 中不难看出，浙江省国税局网站的评分最高是 92.2 分，陕西省国税局网站的评分最低是 46.6 分，其中，发展较好的省区市的大都趋向于最高分，比较落后的则评分较低，呈现出过于分散极端的状态。这说明各省区市政府门户网站的建设差异很大，很多问题急需解决，尤其是评分较低的省区市的国税局网站，存在的问题更多。

5.3.1   网站内容服务指标

从上文中已经了解到网站内容服务指标，主要针对研究国家税务网站的政务公开程度，其研究结果，如图 5-2 所示。

从图 5-2 可知，在网站服务这方面，基本上所有省级政府门户网站做得都很完备，但是他们的"办事流程"还有"数据查询"以及"便民服务"等几项仍需再加大建设力度。

5.3.2   网站功能服务指标

国家税务网站功能服务是指，政府通过网站平台所提供的电子化服务实现方式以及服务效能。它是一种直接、无缝隙、跨时空的

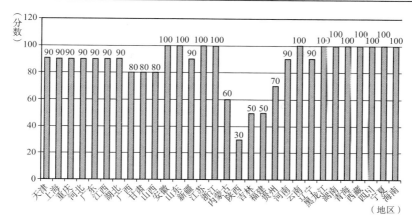

图 5 - 2　各省区市国家税务网站公开程度（2015 年）

服务模式，公众或企业能够借助国税局网站独立完成某项业务，是柜台服务的电子化替代。我们所研究的评价体系中，网站功能服务包括网上办公、网上监督、公众反馈、特色功能。

第一，网上办公。

政府通过网上办公能够优化工作流程，使机构设置精简合理，从而解决职能交叉、审批过多等问题。同时，网上办公可以使政府为公民随时随地提供信息和服务。在对于政府工作时的文档管理方面，网上办公可以实现文档管理的自动化，使各种文档按权限保存。

第二，网络监督。

网络监督具有简单快捷、运作高效、安全隐秘等特点。公民网络监督对政府权力制约具有正面效应。政府通过网络收集民意，公民通过网络发表意见和建议，形成网络舆论从而有利于监督政府是否正确行使了决策、执行和监督权，让政府和人民双向信息交流和互动，对增加政府透明度和构建新型政府和公民关系提供支撑。

第三，公众反馈。

公众信息反馈是政府与公众建立良好合作关系的基础，只有将公众信息反馈真正作为政府传播的基本条件，政府与公众才有可能协调一致。通过网络，政府可以更好地接收群众所提供的信息反馈，并可及时反馈于民。以此大大提高了政府办公能力，同时推进了民主化的进程。

第四，特色功能。

政府门户网站开展会议视频及在线访谈功能，可以有效地加强政府与公众的互动交流、建立健全网上沟通机制，进一步拓宽政民互动渠道，强化舆论监督和社会监督作用，真正把政府门户网站建设成为公布政府信息，联系和服务社会公众，展示政府良好形象的窗口，推进阳光政府建设。

在对各省区市的国家税务局网站调查中，网站功能服务指标结果，如图5-3所示。

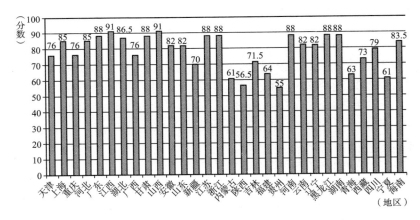

图5-3　各省区市国家税务局网站服务指标（2015年）

各省区市政府网站功能服务完善程度参差不齐，好的能维持在80~90分，差的低到60分，甚至是50分，差异太大，需要将短板补上。

但总体水平居中，其中，江西、湖北完善程度最高，但大多数仍居中等水平，网站服务功能有待提升。

5.3.3　网站质量指标

网站质量指标主要以政府网站的设计特性为主，主要集中评价网站的技术性设施建设，包括网站导航、网站搜索功能、语言版本、及时更新、点击率统计等网站设计板块，其主要目的还是为了政府网站更好地服务于民，与民便利。

基于网站质量的评价体系，我们可参考图 5－4。

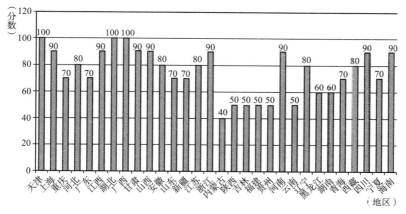

图 5－4　各省区市网站质量指标（2015 年）

从图 5－4 中我们可以看到，各省区市的分数在 100 分、90 分、80 分、60 分、50 分五个分数段上波动，其中，主要的问题在于点击率统计、手机访问版本、网络安全提醒、网站使用帮助这 4 个指标的缺失。

5.4 评价结果分析

5.4.1 网站内容服务指标

各省级国家税务局网站在这一部分呈现良好的表现形式。税务新闻、政策法规及解读、税务公报、机构设置、办税流程、部门人员、数据查询、便民服务、人事任免、领导分工 10 个指标，说明各省区市的税务人员已经充分注意到这些指标在国税局网站中的重要性了，并且可以在网站中清楚而明显地罗列出这些因素，而登录这些网站的普通大众也可以享受到这些因素带来的便利，提高了政府服务人民的质量，同时也使人民更加相信政府，达到互利双赢的结果。

但是，对于当今人民最关注的数据查询，部分省级网站却不够完善。国税局网站的科学数据组织与查询功能，是数据高效管理和利用的基础。其中，数据查询包括国税局网站数据组织与浏览、检索功能和关联数据三个方面。

（1）数据检索功能直接影响用户对政府和国税局网站数据服务功能的体验，用户检索的目的是获取所需数据资源。

政府数据资源涉及领域多、类型复杂多样，如何让公民快速、完整地检索到需要的信息对政府而言也是一种挑战。在我们对省级国家税务局网站的研究中，发现所有的网站都有此功能，清晰地反映出各省区市的地方政府已经意识到数据检索功能的重要性，以及对用户使用的便利性。这一举措可以很好地提高用户对省级国家税务局网站的信赖度和满意度。

（2）关联数据是一种基于关联关系发布和组织数据资源的新兴的语义网技术，极大地提升了数据资源的价值。

　　政府相关的网站不止一个，而每一个网站提供的信息都是不同方面的，但是用户的需求往往不只是一个方面，所以网站之间的关联数据对于做好省级国家税务局网站是大有必要的。

　　（3）便民服务也是当今人文社会的一个焦点问题，传统的政府网站评价指标体系侧重于测评政府网站功能是否完善，但无法判断公众是否满意。

　　这在很大程度上是不能满足如今的用户需求的，所以政府开始研究建立一个公众满意度评价模型。政府网站公众满意度评价模型，主要是以客户满意度的评价模型为基础。目前，各国应用最为广泛的客户满意度评价理论模型是客户满意度模型（Customer Satisfaction Index，CSI），该模型是围绕客户满意这一中心点，使用影响客户满意的前因和反映客户满意的结果的一系列变量为指标，构成的一个系统模型。中国在此方面也有突破性的贡献，中国的客户满意度（China Customer Satisfaction Index，CCSI），该模型由预期质量、感知产品质量、感知服务质量、感知价值、用户满意度、用户抱怨和用户忠诚度 7 个变量构成，在一定程度上结合了中国消费者的行为特点，并且在网站上也设立了便民服务这一系统帮助用户享受政策带来的方便快捷。

5.4.2　网站功能服务指标

（1）网上办公

　　目前来看，各省级国家税务局网站在导航服务、办事指南、网上查询、网上申报、网上审批及组织机构链接这些基本服务职能方面做得比较好，引导用户在进入网站后能迅速地接入所有相关政府国税部门的业务应用、组织内容，并获得个性化服务，提高了用户办事效率，彰显出国税部门优良的服务水平，提升了国税部门的公信力。

网上咨询做得好与不好，反映了省级国家税务局网站的实际服务能力。政府通过在线答疑，及时发现社会税务问题，提高为人民服务的水平，同时也使得电子政务公众认知度和公众满意度进一步提高，从而提升国税部门在公民心中的可信度。在网上咨询方面，大多数城市都做到了较好的展现，陕西、湖北两个省则需要加快建立网上咨询服务体系，促进省级国家税务局网站效能得到更好地发挥。

网上申报、网上审批是较高层次的服务指标，是国税部门作为一个权威性机构所应负的职责。纳税人无须购置任何专门的涉税设备，也不用付费，只需有一台可以上网的计算机，就可以使用网上办税系统。网上办税系统操作起来简单、便捷、易上手，不受时间、地域限制。在申报期内，网上办税系统全天 24 小时不间断地为纳税人提供服务，周末和节假日也能申报；即使纳税人在外地，也可以通过计算机和网络进行纳税申报，节约了上门申报的往来时间和费用。另外，纳税人还可以通过网上办税系统了解自己纳税、申报、缴款情况，社保费情况及发票领用情况，为纳税人及时了解自己的税费情况提供了一个信息交换平台。因此，内蒙古、陕西、吉林、福建、贵州、湖北的网上申报及青海、西藏、四川、海南等的网上审批需加快建设，提高政府在线服务水平，增强决策透明度。图 5－5 显示了一个网站的服务指数模型。

（2）网络监督

网络监督下的三级指标监督曝光，监督曝光是省级国家税务局网站建立的重要组成部分，是加强对政府国税部门工作严谨度的监管，为廉政与勤政建设起到重要的作用，因此，各地方政府应着力完善或加强国税局网站监督曝光的设施。

省级国家税务局网站的监督曝光、举报方式查询、受理查询服务设置加强了政府国税部门信息公开工作的监督，畅通了举报渠道，明了受理过程，进一步规范了政府机关人员的行为。

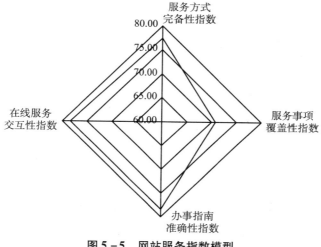

图 5 – 5　网站服务指数模型

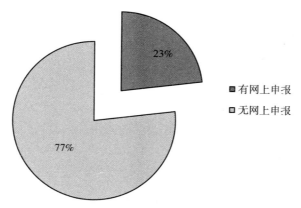

图 5 – 6　网上申报情况饼状图（2015 年）

（3）公众反馈

公众反馈下的政府信箱的设立是相对较为完善的，而政府信箱也正是政府国税部门与人民群众沟通联系的重要桥梁，借此渠道可以有效地帮助政府了解民情，解决群众所反映的问题，其建设意义

重大，同时，在我们调查的省级国家税务局网站中都有设立，结果
也是令人欣喜的。

在线留言、政务微博、在线论坛的设立情况不容乐观，此次调
查结果显示，具备此类网站建设的政府门户数量分别为22家、10
家、26家，而这三方面正是政府与民众互动、政务公开的重要部
分。网站建设在线留言可以更宽的渠道接收民众信息，以一种更及
时的方式获取民众所遇问题并及时解答。政务微博是一种将会在未
来占据主要地位的互动渠道，政府应逐步开始采用网络化的方式解
决传统信访无法触及的区域，在信息的使用中实现对政务信息的高
效互动。在线论坛是在线实时互动类栏目，政府可针对社会热点问
题在网上与公众在线实时对话交流，回复和解决群众关心的问题，
对于这样的栏目，更应尝试开展新窗口，建立新平台。

（4）特色功能

特色功能指标占网站功能服务的10%，在线访谈、会议等在线
视频反映了政府网站的信息化服务水平，而及时的权威发布具有稳
定民心的作用，通过在线访谈，人民可以更全面深入地了解到税务
时政内容，拓宽了解税务的渠道。

5.4.3 网站质量指标

网站质量是影响公众对省级国家税务局网站满意度的一个有效
措施。图5-7显示了网上审批的情况。

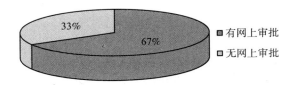

图5-7 网上审批情况饼状图（2015年）

对政府网站质量的研究，包括网站导航、搜索功能、语言版本、及时更新、点击率统计、手机访问版本、网络安全、网站使用帮助 8 大部分。其中，前 5 个是对网站质量最基本的建设，网站使用帮助是对用户使用省级国家税务局网站的指引，是提高用户满意度的一个方法。

（1）手机访问版本

随着移动互联网技术的发展和无线终端的普及，智能手机移动互联网应用正深刻地影响着人们衣食住行的各个方面。为了适应这一潮流，各种基于手机的应用层出不穷。各大省级国家税务局网站开展手机访问版本，更有利于人民使用政府门户网站获取信息。这是税务服务人性化、便利性的一个很好的体现，可以让更广的群体获取到此类信息。

（2）网络安全

作为当今信息网络"家族"之首，互联网自萌生于美国之日即有浓烈的国家安全色彩。随着网络技术的日新月异，网络安全已成为一个不容忽视的问题。但是，在我们研究中只有不到一半的网站注意到了网络安全的重要性，并以具体的形式展示出来，所以，网络安全是各省区市国税局网站的一个严重缺陷，需要大力加强建设。图 5 - 8 显示了网络安全的情况。

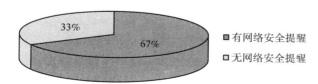

图 5 - 8　网上安全分析饼状图（2015 年）

5.5   结   语

2015 年 7 月，国务院发布《关于积极推进"互联网＋"行动的指导意见》，提出要加快互联网与政府公共服务体系的深度融合，推动公共数据资源开放，促进公共服务创新供给和服务资源整合，构建面向公众的一体化在线公共服务体系。所以，对于税务网站的整体评估势在必行。

政府门户网站的建设就是为了服务人民群众的，一个网站做得好与坏，其关键就在于用户的访问量、满意度以及其在用户中的信任度。虽然近年来政府网站的建设取得了长足进步，但网民对政府网站不满意度依然很高。在我们的研究中，每一个省级国家税务网站都考虑到了用户的使用方便，设立了一系列便民服务措施，让用户进入网站之后不至于无所适从。通过构建网上办事栏目、行政审批平台等多种形式，为社会和公众提供信息查询、表格下载等网上办事的基础服务，为互联网与政务服务的深度融合奠定了基础。

政府税务网站是电子政务公共服务的一个重要组成部分，是公民和各个类型的企业公司最关注的方面之一。作为政府和社会公众互动的桥梁，其发展水平成为衡量国家和地区电子政务建设的最重要的标志。因此，对政府门户网站的评价，一定意义上就是对电子政务绩效的考察。综合来看，省级国家税务局网站的评价，有利于督促其提高服务信息质量、内容质量和传递质量，对深化电子税务建设、构建服务型税务局具有重要意义。

在综合前人研究的基础之上，本章对政府税务网站进行了重新界定并对其研究指标进行了定位，通过三级树形评价体系的建立对各省区市的政府税务网站建设程度进行全面的评价分析，并提出现有网站建设中存在的不足。科学的评价理论是提高政府部门服务质量的重要依据，对于发现网站中的不足并及时改进，引导网站建设良性发展具有重要意义。目前，对于各省区市的税务局网站，需要改进的地方很多，比如，加强资金信息的公开，注重建设办事状态查询功能等，都是各省区市税务局网站需要努力的方向。

参 考 文 献

［1］贾艳. 我国政府网站绩效评估研究. 科技情报开发与经济，2008（32）：160 - 162.

［2］柳盛鹏. 基于客户关系管理理念的政府网站用户满意度评估研究. 北京化工大学硕士学位论文. 2010.

［3］卢火焱. 政府门户网站政民互动功能绩效评估指标体系设计研究. 电子政务，2011（7）：80 - 85.

［4］罗鑫鑫. 基层国税部门绩效管理研究. 江西财经大学硕士学位论文. 2011.

［5］彭玲. 税务网站建设存在的问题及改进. 涉外税务，2004（6）：45 - 46.

［6］王金柱. 基层税务部门绩效评估体系研究. 山东大学硕士学位论文. 2010.

［7］王聿. 税务网站建设的思考. 扬州大学税务学院学报，2001（4）：46 - 47.

［8］王忠天，王海森. 税务网站建设刍议. 信息技术与信息化，2007（5）：22 - 23.

［9］徐卫. 政府门户网站绩效评估：意义、研究现状与趋势. 上海行政学院学报，2009（5）：28 - 37.

［10］张向宏，张少彤，王明明. 政府网站绩效评估指标体系——2006 年中国政府网站绩效评估回顾专题之一. 电子政务，2007（4）：67 - 77.

第 6 章

基于不同层级管理者的税务
信息系统成功模型[①]

如何衡量信息系统实施的成功，一直是 IT 项目管理中的难题。究其原因，万勒等（Verner et al.，2006）认为，一方面，在于 IT 投资项目具有极高的失败率，已经成为企业投资的高风险项目；另一方面，在于企业的 IT 投资热情持续高涨。据测算，2010 年全世界对 IT 的投资将达到 1.48 万亿美元（Aloini et al.，2007）。IT 项目的高投资和低回报形成的"生产力悖论"，已经引起研究者的广泛关注和深入研究（Brynjolfsson，1993）。德隆和马克林（DeLone，Mclean，1992）指出，有效地界定信息系统的产出是信息系统研究对管理实践产生贡献的必要条件。于是，不同的研究者基于不同的视角提出了很多有影响力的评价信息系统成功（information systems success，IS 成功）的模型。如，德隆和马克林模型（DeLone，Mclean，2003）、萨登模型（Seldon，1997），以此来探寻影响信息系统成功的因素和定义企业的信息系统成功。这些研究尽管丰富了信息系统成功研究的内容和加深了人们对信息系统成功的认识，但在指导企业如何进行 IT 投资和评价信息系统实施效果上却存在一定的不足。究其原因在于，理论界和实践界对信息系统成功的认识

---

① 本章王长林发表于《中原工学院学报》2015 年第 5 期，略有改动。

还存在着根本的分歧，主要表现在过于偏重理论研究而忽视其实践价值，是导致信息系统领域研究困境的根本原因（王文韬等，2014）。德隆和马克林也强调，对信息系统成功的研究应该结合不同的利益主体和管理场景构建具有可操作性的结构变量。为搭建信息系统成功的理论研究与实际运用之间的桥梁，克服当前单纯从企业绩效的角度研究信息系统成功，迫切需要研究者从企业的实际需求出发，特别是从企业管理者的视角来定义信息系统成功。本章的研究问题是，企业不同层级的管理者（基层、中层和高层管理人员）是如何从自身职责的角度来界定信息系统成功？为此，本章设计了一个探索性的多案例研究方案，分别访谈了某省 3 家使用 ERP 企业的不同层级的管理人员，并构建了一个基于管理者视角的信息系统成功模型。在本章接下来的部分，将对信息系统成功领域的相关文献进行分析，并详细阐述本章的研究方案、研究发现和研究意义。

6.1　文献综述

6.1.1　IS 成功

对信息系统成功的研究起源于早期对关键成功因素的研究，让卡特等（Rockart et al.，1979）第一次明确提出了关键成功因素的概念，并对其进行了论述。他认为，企业管理者要想取得良好的企业绩效，必须在某些有限的关键领域取得成功，而且这些领域必须得到特殊的、持续的重点关注，由此引发了人们对信息系统成功的研究。肯（Keen，1980）在首届世界管理信息系统大会上指出，对信息系统投入作出评价的关键在于恰当衡量信息系统成功。德隆和马克林提出的信息系统成功模型，被公认为是信息系统成功研究的基石。尽管德隆和马克林模型得到了一些研究者的实证检验（Rai et al.，2002），其中也存在着一些较为明显的问题。如，信息系统使用含义的模糊性、信息系统的多样性、使用净收益度量的困难，以及信息系统使用者需求的多元化，都阻碍了该模型在管理实践中的应用（Seddon，1997；Wang，2008）。还有些学者从不同维度提出了中国环境下衡量信息系统成功的方法，以及将信息系统成功模型推广到电子商务领域（张喆等，2003）。

6.1.2 IS成功研究的阶段划分

（1）1961～1992年

关键成功因素的概念，最早起源于乍尼（Zani）关于关键成功变量的论述，他认为，关键成功因素是决定组织成功和失败的要素和任务。而第一次明确提出关键成功因素概念的是让卡特，他认为，企业管理者要想取得良好的企业绩效，必须在某些有限的关键领域取得成功，而且这些领域必须得到特殊的、持续的重点关注，此后的学者便展开了对关键成功因素的研究。肯（Keen，1980）在首届世界管理信息系统大会上指出，信息系统的因变量尤为重要，它是恰当衡量信息系统投入的工具。

信息系统是一个集技术层次、语义层次和效力层次为一体的交际系统。其中，技术层次是指，系统能够准确、有效地产生信息，语义层次是系统能够确保信息按照本意得到传递，效力层次是系统能够产生对接收者有影响的信息。后续的研究者将信息系统的成功分为3类，组织个体的业绩、系统的有用性和组织个体的满意度，并利用信息系统的质量和信息系统的接受度来衡量信息系统的成功。从这些研究的内容和方法来看，由于研究视角的单一性导致了这些研究的结果缺乏可比性，不利于后续研究的开展。

在这一时期，最具代表性的是德隆和马克林提出的评价信息系统成功的德隆和马克林模型。他们在系统分析了1981年1月～1987年间的100多篇文献后认为，由于不同的学者从不同的视角对信息系统成功进行了定义，使得研究人员难以理解和把握，而且没有对信息系统的因变量进行界定。为了弥补这些研究的不足，使得人们对信息系统成功有一个系统、全面的认识，他们归纳出了信息系统的成功模型，见图6-1，即后来被研究者广为接受的德隆和马克林模型。

图6-1 德隆和马克林模型

德隆和马克林（Delone，Mclean）把信息系统成功地实施看作是一个"系统运行—系统使用—系统产生影响"的具有时间和因果关系的过程。据此，德隆和马克林将信息系统成功评价刘分为三个部分，第一部分评价系统自身特征，使用"系统质量"和"信息质量"指标；第二部分用"系统使用"和"用户满意"衡量系统使用情况；第三部分通过"个人影响"和"组织影响"测度系统使用的结果。此后，对于信息系统评价的研究，大多以德隆和马克林模型为思考框架。

（2）1993～2003年

①萨登（Seddon）模型

萨登指出，德隆和马克林模型的提出对信息系统的研究至少有两方面的贡献：将众多影响信息系统成功的因素分为六类，为信息系统的成功研究提供了一个理论框架；从理论上建立了这六类因素之间的相互关系，为后续的研究提供了理论分析框架和拓展的空间（Mason，1978）。后续的研究者纷纷对德隆和马克林模型为基础展开对信息系统成功的研究，从这些文献的研究内容看，要么，是在个体层次上对该模型进行验证，要么，是对该模型进行修正。

萨登从信息系统的实施过程和实施结果两个层面对德隆和马克林模型进行了修正。他指出，德隆和马克林模型混淆了过程模型和因果模型的区别，简单地将其合并在一起是不合适的。为了克服德隆和马克林模型中的不足，萨登首先界定了德隆和马克林模型中关于"使用（use）"的三个可能的含义：使用系统获得的收益、应用系统的行为和使用系统后对个体或组织产生影响的某一事件。在此基础上，萨登对信息系统成功模型进行了改进，将其一分为二，系统使用的行为模型和信息系统成功模型，借以避免因果概念和过程概念的混淆。而且，在模型中，他还用感知有效性代替系统使用，认为系统质量和信息质量直接影响感知有效性和用户满意，使用系统所产生的个人利益、组织利益和社会利益也对感知的有用性和用户满意具有影响，感知有效性是用户满意的决定因素。从总体上来看，萨登提出的改进模型与德隆和马克林模型相比具有三大优点。第一，对"使用"进行了重新界定，并被赋予了三种不同的含义；第二，将感知的有用性引入模型当中；第三，在认知到期望的信息反馈模型中，体现出了组织学习的重要性。

②改进的信息系统成功模型

2003年，德隆和马克林对1992年之后评价信息系统成功的相关文献进行了分析和总结。他们认为，从总体上看，目前的实证研究从不同程度上验证了模型中的因果关系。当然，也有不少研究对德隆和马克林模型提出了挑战、批评并对模型进行了拓展。德隆和马克林针对模型中存在的问题进行修正后，形成了新的模型，见图6-2，具体表现在三个方面。

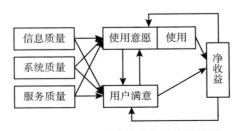

图6-2 改进后的德隆和马克林模型

第一，将服务质量引入模型中，与系统质量、信息质量并列，共同影响系统使用和用户满意，因为在电子商务时代，引入服务质量显得极为重要。

第二，将个人影响和组织影响合并为净收益，扩大了测度范围，净利益中不仅包括个人影响和组织影响，还包括系统产生的其他影响，如社会影响等。

第三，模型中加入了净利益对系统使用和用户满意的反馈作用。"影响"的含义比较模糊，可能有消极的，也可能有积极的。而改进后的模型，采用了更全面且更准确的"净收益"概念来度量信息系统成功，并在模型中体现出了"净收益"的反馈作用。

改进后的德隆和马克林模型只是提供了一个全面的思考框架，对任何一个具体的研究来说，对信息系统成功的评价和测量都有必要根据研究目的、实证背景等因素来具体选择研究变量。

（3）2004年至今

德隆和马克林只是从理论上提出了改进的信息系统成功模型，并利用改进的模型为基本框架对电子商务成功进行了初步的探讨（Davis，2000）。莫纳和林克（Molla，Licker）通过案例的形式分析了电子商务环境下服务质量、信任以及用户满意度对信息系统成功的影响（Alter，2008）。

王义顺指出，改进的德隆和马克林模型尽管可以应用于电子商务领域，然而，它只是个一般的、综合的通用模型，在实际度量电子商务成功中还存在一些困难（Goodhue et al.，1995）。①模型中净收益定义过于宽泛，很难界定，使用者在应用模型时必须先清楚应用的环境和度量的层次（个人、团队、组织或社会）。②尽管德隆和马克林承认萨登指出的系统使用意愿也是度量信息系统成功的重要变量，但他们并没有对此进行深入的研究，这就迫切需要从理论上进一步探讨技术采纳（TAM）模型、萨登模型和改进的德隆和马克林模型之间的融合关系，以便更好地解释用户的行为问题，从而为研究者提供更开阔的视角。③改进的德隆和马克林模型与存在于市场营销理论中被普遍接受的"质量—价值—满意—忠诚"的价值链并不完全一致，因此也需要对模型进一步研究。④在电子商务背景下，改进的德隆和马克林模型并没有获得经验数据的检验。鉴于以上四点不足，基于信息系统理论和营销学理论，王义顺从系统使用者的角度提出了电子商务环境下的信息系统成功模型，并对模型进行了实证检验（Wang，2008）。

王义顺用认知价值和再次使用意愿两个变量依次取代了改进的德隆和马克林模型中的系统使用和净收益，并综合德隆和马克林的观点。王义顺的研究在理论上至少具有两方面的重要意义：①结合电子商务的特点，将信息系统成功模型进行了改进，并实证了模型的合理性。②从理论上了探讨了技术采纳（TAM）模型、萨登模型和改进的德隆和马克林模型之间的融合关系，形成了一条完整的"质量—价值—满意—忠诚"价值链，弥补了现有理论研究的不足，这对企业提高客户满意度和忠诚度具有一定的指导意义。

从信息系统成功研究的现状来看，目前存在的一些主要问题表现在：①对信息系统成功的研究忽视了不同使用者的利益需求，难以提出更符合企业实际的评价方法和度量指标；②未能深入企业的微观层面，缺少基于微观企业的案例研究；③在定义信息系统成功之前，忽视了信息系统的性质。信息系统在企业中的定位不同，衡量其成功的标准也会存在差异。

6.1.3　IS 的性质

信息系统是一个集技术层次、语义层次和效力层次为一体的交际系统。其中，技术层次是指，系统能够准确、有效地产生信息，语义层次是系统能够确保信息按照本意得到传递，效力层次是系统能够产生对接收者有影响的信息。也有一部分研究者认为，信息系统是一种技术工具，个人和组织利用它收集、处理、存储、应用和消化吸收信息辅助其决策，实现其管理目标。阿尔特（Alter）在总结现有研究的基础上，对信息系统性质的界定更符合企业使用信息系统的目的，他认为信息系统是一个组织或个人参与其中并利用信息、技术或其他资源为组织内部人员和外部的顾客提供特殊的产品或服务的工作系统。在本章中，信息系统也被定义为一个工作系统。

任务—技术匹配理论认为，信息技术提高工作绩效的前提条件是此信息技术必须被采纳且能与其所支持的任务之间有较好的匹配。那么，对于企业不同层级的管理者而言，使用作为工作系统的信息系统能否辅助他们完成工作职责将直接影响到他们对信息系统实施成败的评价。

6.1.4　管理者层级及职责

需要说明的是，此处所讨论的管理人员均是指在信息系统环境下的企业管理者。企业的管理人员通常分为三个层级：高层、中层和基层管理者。信息系统情境下的高管，是那些对信息系统相关活动负有战略决策及活动导向责任的集体（白海青等，2009），他们通常包括公司的老板、董事长、CEO、CIO、CFO 以及其他具有相似职能的高层管理者，其主要职责是作出决策，如，制定组织的总目标、总战略和规章制度以及制定绩效评价标准。中层管理人员是指，企业中处于一般雇员和基层管理人员之上的负责监督高层决策的执行情况的企业雇员（Schilit，1987），通常包括各个部门的经理、区域经理等，其主要任务是加强高层与基层之间的沟通，将高层的战略目标进行分解，落实到各部门和各岗位，并协调相关资源来帮助基层员工实现该目标。基层管理人员也称一线主管，在组织中处于最低层管理者，所辖人员仅仅为基层作业人员（Staehle et al.，1987）。企业的基层管理人员一般是指，班长、组长、事务主管等，他们的主要职责是执行高层的决策，如，分派作业人员具体工作任务，直接指挥和监督现场作业活动并参与部分工作，保证各项任务的有效完成。

　　基于以上分析，本章认为：（1）信息系统是一个辅助不同层级的管理者完成其工作职责的工作系统；（2）不同层级管理者的职责存在明显的差别，高层管理者负责作出决策，中层管理者负责监督（控制）基层管理者对决策的落实（执行）情况，而基层管理者的职责主要是执行高层管理者的决策；（3）根据任务—技术匹配理论，企业不同层级的管理者使用信息系统的方式存在一定的差别，但目的都是为了辅助其完成自身的工作职责。于是，本章提出了一个基于管理者职责的信息系统成功模型，如图 6 - 3 所示，衡量信息系统成功的标准是管理者应用信息系统后辅助他们完成了工作职责。信息系统的应用是否有助于管理者完成其工作职责，是对德隆和马克林模型中信息系统的应用"对个人的影响"这一变量在企业实践中的具体应用，其优点在于简化了衡量信息系统成功的程序。

图 6 - 3　基于不同层级管理者职责的信息系统成功的概念模型

6.2　研 究 方 法

6.2.1　方 案 设 计

　　案例研究能够帮助人们全面了解复杂的社会现象，并使研究者原汁原味地保留现实生活中有意义的特征。作为一种实证研究方法，案例研究适合处理"怎么样"和"为什么"之类的问题（殷，2004），尤其适用于研究一个尚未被探讨或很少被关注的重要现象或事件（Benbasat et al., 1987）。因此，为了从一个新的研究视角来探寻管理者如何界定信息系统成功而采用案例研究方法是较为恰当的。

在多案例研究中，案例研究对象的个数一般为 3 ~ 4 个，本章设计了一个包含 3 个案例的研究方案，根据 3 个企业的访谈结果来分析说明本章的研究问题。在案例研究实施前，通常需要预先设计一个包含数个开放性访谈问题的研究草案，这样可以增强数据来源的可信度并减少偏差（毛基业等，2008）。本章所用的访谈问题包括：（1）您在贵公司的职位是什么？（2）您觉得自己的主要职责有哪些？（3）您觉得贵公司实施的信息系统是否成功，您的评价标准是什么？

6.2.2　数据收集

为了保证研究的信度和效度，我们采取了一系列防范措施。我们在访谈三个企业时，严格遵照研究草案中的程序和步骤，采用诸如文档资料、个人访谈以及现场观察等不同的方式收集数据，力求收集数据与研究问题的相关性，从而有效地保证研究的信度。同时，我们使用多个证据源和将同一研究草案应用到 3 个不同的案例访谈中，进而保证研究的构建效度和外部效度。另外，除了正式的访谈外，我们还有一些非正式访谈，包括在日常交流中（用餐时）了解他们使用信息系统的一些更为具体的动机。

6.3　结　果　分　析

本案例访谈的对象为某省 3 家使用 ERP 的企业，我们分别对每个公司的不同层级的管理人员进行了深入访谈。

6.3.1　案例背景

3 个企业使用 ERP 的具体情况（应企业要求，我们略去了公司的具体名称）。

表 6 - 1		访谈企业及访谈人员的背景资料					
	行业性质	企业性质	员工数	销售收入	高层/人数	中层/人数	基层/人数
A 企业	IT 及服务	国有企业	600	2 亿元	副总经理/1	物流经理/1	人事主管/1
B 企业	机械制造	私营企业	5000	32 亿元	副总经理/1	仓储经理/1	采购主管/1
C 企业	电子信息	私营企业	100	0.2 亿元	财务总监/1	财务经理/1	生产主管/1

A 公司成立了近 20 年，是一家集软件开发、IT 技术咨询服务和 IT 产品销售的高新技术企业。A 公司从一开始就非常重视信息系统的应用，从自行开发简单的库存系统到购买外部财务、库存系统，最终，根据自身业务需求开发出了一整套 ERP 系统。B 企业成立于 20 世纪 80 年代，是一家研发、生产重型机械的大型企业集团，该公司引进用友 ERP 已将近 3 年。C 企业是一家集电器件设计、制造、涂装、销售为一体的中小型高新技术企业，由于业务发展需要，两年前引进了金蝶的 ERP 系统。在访谈过程中我们发现，这三家企业的高层都对公司的业务十分熟悉，并且在公司中一直负责信息系统项目的建设与运营，其他层级的管理人员由于需要经常使用信息系统也对其比较熟悉。我们通过询问他们对公司实施 ERP 的效果后得出，这三家公司的 ERP 实施都是成功的，下面将具体予以阐述。

6.3.2 研究发现

根据图 6 - 1 的分析框架并结合访谈的记录，我们对图 6 - 1 中涉及的结构变量进行了进一步的细化并辅以一定的原始证据引用，这样会增加数据推理的说服力。在原始证据引用时，本章用括号的形式，对被访者的原话进行了必要的补充和注释，这样可以使读者更好地理解被访者的真正意图。

（1）高层管理者与信息系统

高层管理者是企业的"神经中枢"，他们能否及时获取有价值的信息将直接影响决策质量的好坏，这些决策依据其方式的不同通常可以分为程序性决策和非程序性决策（方润生等，2009）。一些研究表明，信息系统实施之所以不成功主要是由于企业高管的不支持，进一步研究发现不支持的原因在于信息系统并未能给高管的决策工作带来促进作用。对此，A 企业的副总也谈到，"当初决定采用（信息系统），主要是以前每次在月末都不能（及时）获取公司销售的数据，一般都要等（很长时间），严重影响了我对下月销售（量）的判断和对目前工作的评估"。B 企业的高管也有类似的感受，"在企业采用信息系统后，我的工作轻松多了，需要什么数据我打开系统就能随时找到，节省了大量时间，采取的应对措施也更加符合企业的实际情况"。从这两位高管的谈话中我们可以看出，能否对高管的工作起到促进作用直接影响到他们使用信息系统的态度。正如 C 企业的高管所言，"我们公司的信息系统（实施）是很成功的，我也是很支持的，原因很简单，它能帮助我快速完成工作，特别是那些一般的事务"。

（2）中层管理者与信息系统

控制是企业的一项重要活动，它可以使企业工作按照预定的计划进行，是企业实现目标的有力保证（张亚军等，2014）。从控制的时间节点来看，控制可以分为事前、事中和事后控制。企业的中层管理者作为链接高层与基层的桥梁和纽带，他们将企业的战略目标进行分解并控制基层管理者在实施过程中的各个环节，有效地保证了企业目标的实现。企业管理人员通常会借助信息技术等手段来实现控制目标，因为信息系统能给控制者带来诸多潜在和显在的收益（Masli et al.，2010）。当我们问及 A 企业的物流经理使用信息系统的感受时，她告诉我们，"因为公司的分支机构（分公司）较多，所以实时监控每个分公司的库存极为重要，这样能保证我及时订货、跟踪销售和及时把销售情况反馈给公司领导。另外，我们也可以根据不同分公司的库存来（发货以）满足客户的订货需求"。

实际上，通过与 C 公司的财务经理的交谈，也证实了信息系统的控制功能对中层管理人员的重要性，"使用系统对（我们部门）执行公司的预算是十分有利的，而且能全程控制，一旦超过警戒线，系统将直接暂停该部门的费用申请，这样省去了我们很多人工监控的麻烦"。

（3）基层管理者与信息系统

基层管理者既是管理者，也是执行者，其执行力的大小直接关系到组织的成败得失（贺明明等，2014）。研究表明，信息系统对提升基层管理者的执行力、增强企业的竞争优势有着重要的促进作用（王念新等，2007）。因此，越来越多的基层管理者开始利用信息系统来管理和参与现场工作，寻找并配置资源并及时反馈执行的结果。在谈到信息系统对基层管理人员的影响时，A 公司的人力资源主管深有体会地说，"在没有（应用）系统前，公司员工的社保、培训等管理资料比较混乱，（因为）公司员工流动比较快，经常会出现一些离职员工该停的保险没停，而入职了好几个月的员工的保险还没办。而在系统上线后，这种问题基本不存在，因为系统每月都会将这些信息提供给我们"。而 B 企业的采购主管补充到，"信息系统对我的工作也有很大的帮助，系统会及时反馈给我们公司各部门物资的消耗情况，方便我们合理分配采购（任务）和及时将信息报给上级部门"。

通过对采访结果的分析和总结我们发现，不同层级的管理者对信息系统成功与否的界定，取决于他们在使用信息系统的过程中是否辅助他们完成了自身的工作职责。由此，我们归纳出了一个基于不同层级管理者职责的信息系统成功的理论模型，见图 6-4。本案例显示，对于高层管理者而言，信息系统的应用有利于辅助其进行决策，则企业的信息系统实施成功；对于中层管理者而言，信息系统的应用有利于辅助其进行控制，则企业的信息系统实施成功；对于基层管理者而言，信息系统的应用有利于辅助其执行公司计划，则企业的信息系统实施成功。

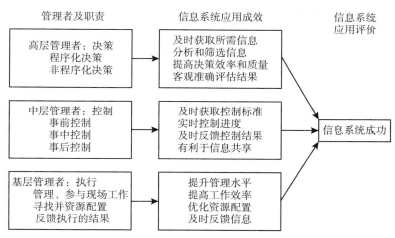

管理者及职责　　　　信息系统应用成效　　　　信息系统
　　　　　　　　　　　　　　　　　　　　　　应用评价

高层管理者：决策
程序化决策
非程序化决策

及时获取所需信息
分析和筛选信息
提高决策效率和质量
客观准确评估结果

中层管理者：控制
事前控制
事中控制
事后控制

及时获取控制标准
实时控制进度
及时反馈控制结果
有利于信息共享

信息系统成功

基层管理者：执行
管理、参与现场工作
寻找并资源配置
反馈执行的结果

提升管理水平
提高工作效率
优化资源配置
及时反馈信息

图 6 - 4　基于不同层级管理者职能的信息系统成功的研究模型

6.4　结　　论

　　本章从管理者职责的角度，研究了企业不同层级的管理者如何界定信息系统的成功，由于信息系统是一个工作系统，管理者衡量信息系统成功的标准是，信息系统的应用能辅助高层管理者作出决策，中层管理者进行控制和基层管理者执行计划。本章的理论价值在于，克服了以往单纯从企业绩效的角度衡量信息系统成功的弊端，从而为信息系统成功研究开辟了一个新的视角。其实践意义在于，从管理者职责角度提出的衡量信息系统成功的标准更适合企业的实际情况，对指导企业选择适合自己的信息系统具有一定的指导意义。本章的不足之处在于，访谈数据可能因访谈对象的记忆不清晰而有所偏差，从而影响结果的可靠性；另外，本章的理论模型，需要今后在更多的研究场地进行验证和进一步拓展。

参 考 文 献

［1］白海青，毛基业．高层管理支持信息系统的概念及维度研究．管理评论，2009（10）：61-69.

［2］方润生，陆振华，王长林，冯玉强．不同类型冗余资源的来源及其特征：基于决策方式视角的实证分析．预测，2009，28（5）：59-64.

［3］贺明明，王铁男，肖璇．社会资本对跨组织信息系统吸收影响机理研究．管理科学学报，2014（5）：66-83.

［4］毛基业，张霞．案例研究方法的规范性及现状评估——中国企业管理案例论坛（2007）综述．管理世界，2008（4）：115-121.

［5］［美］殷著．周海涛等译．案例研究设计与方法（第三版）．重庆大学出版社．2004.

［6］王念新，仲伟俊，张玉林，梅姝娥．信息技术和企业竞争力的关系研究．计算机集成制造系统，2007，13（10）：1970-1971.

［7］王文韬，谢阳群，谢笑．关于 D&M 信息系统成功模型演化和进展的研究．情报理论与实践，2014（6）：73-76.

［8］张亚军，张金隆，陈江涛．信息系统实施情境下的用户抵制研究述评．图书情报工作，2014（5）：124-130.

［9］张喆，黄沛，张良．中国企业 ERP 实施关键成功因素分析：多案例研究．管理世界，2005（12）：137-143.

［10］Aloini D., Riccardo D., Valeria M. Risk Management in ERP Project Introduction：Review of the Literature. Information & Management, 2007（44）：547-567.

［11］Alter S. Defining Information Systems as Work Systems：Implications for the IS Field. European Journal of Information System, 2008, 17（5）：448-469.

［12］Benbasat, I., Goldstein, D. K. and Mead, M. The Case Research Strategy in Studies of Information Systems. MIS Quarterly, 1987, 11（3）：369-386.

［13］Davis G. B.. Information Systems Conceptual Foundations：Looking Backward and Forward. IFIP Conference Proceedings, 2000（173）：61-82.

［14］DeLone W. H., McLean E R. Information Systems Success：The Quest for the Dependent Variable. Information Systems Research, 1992, 3（1）：60-95.

［15］DeLone W. H. , McLean E. R. The DeLone and McLean Model of Infor-
mation Systems Success: A Ten-Year Update. Journal of Management Information
Systems, 2003, 19 (4): 9 - 30.

［16］Goodhue D. L. , Thompson R. L. Task/technology Fit and Individual Per-
formance. MIS Quarterly, 1995, 19 (2): 213 - 236.

［17］Keen P. G. W. MIS Research: Reference Disciplines and a Cumulative
Tradition. Proceedings of the First International Conference on Information Systems,
Philadelphia, PA. 1980: 9 - 18.

［18］Masli, Peters, Richardson, Sanchez. Examining the Potential Benefits of
Internal Control Monitoring Technology. The Accounting Review, 2010, 85 (3):
1001 - 1034.

［19］Mason R. Measuring Information Output: a Communication System Ap-
proach ［J］. Information &Management, 1978, 1 (5): 219 - 234.

［20］Rai A. , Lang S. S. , Welker. R. B. Assessing The Validity of IS Success
Models: An Empirical Test and Theoretical Analysis. Information Systems Research,
2002, 13 (1): 50 - 69.

［21］Rockart J. R. Chief Executives Defines Their Own Data Needs. Harvard
Business Review, 1979, 57 (2): 81 - 93.

［22］Schilit W. K. An Examination of the Influence of Middle-Level Managers
in Formulating and Implementing Strategic Decisions. Journal of Management Studies,
1987, 24 (3): 271 - 293.

［23］Seddon P. B. A. Respecification and Extension of the DeLone & McLean
Model of IS Success. Information Systems Research. 1997, 8 (3): 240 - 253.

［24］Staehle W. , Schirmer F. Lower-Level and Middle-Level Managers as the
Recipients and Actors of Human Resource Management. International Studies of Man-
agement &organization, 1987, 22 (1): 67 - 89.

［25］Verner J. , Cox K. , Bleistein S. J. Predicting Good Requirements for in-
house Development Projects. Proceedings of the 2006 ACM/IEEE international sympo-
sium on empirical software engineering. Rio de Janeiro. 2006: 154 - 163.

［26］Wang Y. S. Assessing E-Commerce Systems Success: A Respecification
and Validation of the DeLone and McLean Model of IS Success. Information Systems
Journal. 2008, 18 (5): 529 - 557.

第7章

线上和线下服务质量对 G2B
电子政务满意度的影响[①]

　　近半个世纪以来，政府满意度的下降已成为一个全球性的趋势。万奇等（Welch et al.，2005）认为，政府满意度的下降对公共管理产生了严重的挑战，严重损害了政府自身的合法性。孙等（Sun et al.，2012）论述到，如何提高电子政务满意度，特别是借助信息技术提高政府满意度是研究人员和企业关注的焦点，也是政府在信息技术条件下亟待解决的难题（Teo et al.，2008）。为赢得和提升公民的满意度，在提升传统公共服务渠道服务质量的同时，政府部门正在不断地加大对电子政务的投入，希望借助电子政务提升公共服务质量，从而赢得公民的支持和满意。这种通过"线上—线下"服务相结合的方式，称为 O2O（online-offline）模式。如，在金税工程中，税务部门一方面，为公民和企业提供线下服务（通过办税大厅现场办理相关税务业务），另一方面，也为公民和企业提供在线服务（通过互联网在线办理税务业务）。统计数据显示，随着金税工程建设的推进和对纳税人服务质量的提高，纳税人对各级税务局的满意度逐年提高。如根据国家税务总局委托的第三方调查机构的统计数据显示，近年来纳税人满意度不断提高。如，2010

---

① 本章王长林发表于《信息资源管理学报》2015 年第 3 期，略有改动。

年纳税人对国税系统和地税系统满意度接近 80%，比 2008 年提高 2.93%；2012 年纳税人满意度比 2008 年提高 3.53%。

已有文献表明，提升服务质量可以有效地提升电子政务满意度。如，一些研究电子政务满意度的文献借鉴信息系统成功模型，丁煌等（2013）通过实证研究发现，信息质量、系统质量和服务质量是影响用户满意度的重要因素。尽管 O2O 模式已被越来越多的政务部门所采用，然而，O2O 模式中的服务质量及其对电子政务满意度的影响还没有从实证上得到检验。

另外，目前针对电子政务满意度的研究，更多的是从整体满意度的视角展开，要么将电子政务满意度看成是对电子政务系统的满意度，要么是看成对政府的满意度。事实上，随着电子政务系统建设的专业化程度越来越强，在一个完整的电子政务服务系统中，其主体至少包括政府和系统服务商，客体则是电子政务系统本身（Wang，2014）。即电子政务服务系统中的满意度是一个整体的概念，其中涉及三种不同类型的满意度：政府满意度（对政府的满意度）、代理商满意度（对代理商的满意度）和系统满意度（对电子政务系统的满意度）。然而，现有研究忽视了电子政务满意度的系统性，即不同类型电子政务满意度之间的相互联系（Morgeson，2011）。由于忽视了电子政务满意度的"上诉性"（不同电子政务满意度之间的相互影响作用），就很难从根本上解决电子政务满意度滑坡的问题。

为此，本章将具体分析 O2O 模式中的服务质量对电子政务服务满意度的影响。本章的主要创新点有：（1）将 O2O 模式中的服务质量区分为线上服务质量和线下服务质量；（2）将电子政务满意度划分为系统满意度、代理商满意度和政府满意度；（3）构建了线上服务质量和线下服务质量对电子政务满意度的结构方程模型，并验证了模型中的相关路径关系；（4）发现代理商满意度和系统满意度对形成政府满意度具有重要影响。

7.1 文献回顾

7.1.1 电子政务满意度

在电子政务中，最终用户的满意度被广泛用来衡量信息系统的成功（Au et al., 2008；DeLone et al., 1992）。研究表明，信息系统使用的失败在很大程度上不是因为技术的因素，而是由于系统没有满足最终用户的需求而造成用户的不支持和对系统的不满意，最终难以获得用户的支持和持续使用。然而，现有文献针对满意度的研究主要强调的是用户的整体满意度，（e.g., Caceres et al., 2007）。尽管已有研究显示电子政务满意度的对象有系统和政府之分，（e.g., Welch et al., 2005），但却忽视了电子政务满意度的系统性，即不同满意度之间的相互关系。由于忽视了电子政务满意度的"上诉性"（不同满意度之间的相互影响作用），也就很难从根本上解决政府满意度滑坡的问题。如，目前中国政府满意度问题的现实表明，由食品安全或者药品安全问题所引发的企业失信，最终都会影响民众对政府的满意度（谢新水，2012）。另一个不足的地方在于，电子政务的参与方通常除了政府和公民外，还包括电子政务系统的服务商。然而，在电子政务满意度的研究中，对服务代理商满意度的研究并未引起足够重视，更未进一步分析其对构建政府满意度的作用。基于此，本章中的电子政务满意度为一个多维度的概念，是用户对电子政务系统、服务代理商和政府的满意度。

7.1.2 服务质量

服务质量是指，用户对产品或服务优越性的整体评价，服务质

量是影响用户满意度的重要影响因素已得到了很多现有文献的支持
（Pitt，1995）。综合来看，已有文献在针对服务质量的研究时，一
方面，倾向于把服务质量看成是单一维度的概念；另一方面，倾
向于将服务质量区分为服务内容质量和服务传递质量（Tan et
al.，2013），或技术质量和功能质量。然而，随着信息技术的发
展，信息系统服务商除了采用传统的技术支持手段（如，上门软
件安装、技术培训、电话支持）向用户提供线下服务外，他们也
纷纷借助互联网（如，通过及时通信工具提供在线支持）等技术
手段为用户提供线上服务，由此产生了线下服务质量和线上服务
质量。

　　现有研究对服务质量的测度，一般从有形性、可靠性、响应
性、安全性和移情性五个方面展开（Parasuraman et al.，1994；杨
雅芬，2013）。尽管服务质量对用户采纳电子政务具有重要的影响
作用，然而，现有对电子系统服务质量的测度却忽视了隐含在系统
设计中最基本的以用户为中心原则（Tan et al.，2009），导致从总
体上衡量的服务质量并不能为电子政务系统的设计和开发提供明确
的指导作用。以用户为中心的服务质量可以区分为服务内容质量和
服务传递质量（Ancarani，2005），本章也将沿用这一视角，从服务
内容和服务传递两个角度对线上服务质量和线下服务质量进行界
定。线上服务质量是指，企业利用互联网等新兴技术手段为客户
提供的技术支持和服务在满足客户需求及其传递及时的程度。线
下服务质量是指，借助传统的交流方式（如，"面对面"的交流、
电话等）为客户提供的技术支持和服务在满足客户需求及其传递
及时性的程度。二者的重要区别在于，评价的对象不同，线上服
务质量是对服务提供者借助新兴技术为用户提供服务的一种评
价；而线下服务质量则主要是评价服务提供者借助传统的交流方
式为用户提供服务的质量。

7.2　模　型　构　建

7.2.1　社会交换理论

兴起于20世纪60年代的社会交换理论，是社会学中的一种重要理论，该理论也被称为行为主义的社会心理学理论，它主张关注人的内心世界和对人的心理因素展开研究。社会交换理论的基本内容包括：假设人的一切行为都是一种交换活动，这些活动都受到能够带来激励的交换活动的驱动；人与人之间的关系，也表现为交换的关系，社会就是个人行动和行为交换的结果；除物质交换外，个人还可以在社会生活中进行非物质资源的交换（如情感、赞赏、信息、声誉、地位、服务等）（Blau，1963）。

在管理研究领域，特别是基于个体行为的研究中，社会交换理论常被用来作为模型构建的基础，具体分析人与人之间的网络关系及交换过程（Kankanhalli et al.，2005；Aryee et al.，2013）。尤其在一个信息不对称的市场中，由于参与者并不是纯粹的理性经济人，在作出一些决策时掺和了非理性的因素。本章之所以采用这一分析框架，一方面，在本章中，线上、线下服务质量与电子政务满意度的测度均是基于个体的感知，是可以用来交换的由不同个体拥有的一种非物质资源；另一方面，线上、线下服务质量对电子政务满意度的影响，也与社会交换理论中不同变量之间的影响作用存在相似性。基于社会交换理论的分析框架，本章构建了一个包含服务质量和电子政务满意度的研究模型，具体探索服务质量对电子政务满意度的影响作用，见图7-1。

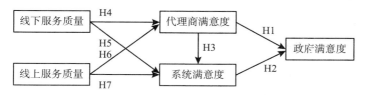

图 7 - 1　电子政务满意度的研究模型

7.2.2　研 究 假 设

构建政府满意度，是政府发展电子政务优先考虑的目标之一。研究表明，代理商在系统使用过程中扮演着重要的角色，用户对代理商的信任有利于形成其对系统的信任和增强其再次使用系统的意愿（Turel et al.，2008）。与此类似，基于服务代理商的满意度有利于形成对政府的满意度和对电子政务系统的满意度（Bitner et al.，1990）。这是因为，对服务代理商的满意有利于构建二者之间的信任关系，从而减小用户对业务处理的认知风险和外部环境的不确定性，这在当前政府信息还不是十分透明的背景下显得尤为重要。另外，用户通过使用电子政务系统来处理业务，而不直接与政府相关人员接触，就减少了政府工作人员在企业办理业务过程中的人为干扰因素，增强了政府信息的透明度、降低了用户的业务处理成本。为此，本章提出以下三个假设：

假设 1（H1）：代理商满意度与政府满意度之间存在正相关关系；

假设 2（H2）：系统满意度与政府满意度之间存在正相关关系；

假设 3（H3）：代理商满意度与系统满意度之间存在正相关关系。

服务质量被看成影响满意度的重要因素（Benlian et al.，2011），如，服务质量的 5 个维度对客户满意度具有积极的影响作用（范秀成等，2006），但从线下服务质量和线上服务质量的视角，来分析其对满意度的影响目前还很少见。研究显示，借助传统服务手段为客户提供的线下服务，用户重点考虑产品的质量和服务传递的效率。而在线上服务中，用户则重点关注的是信息质量、系统质量和服务质量。已有的研究表明，无论是线上服务质量还是线下服务质量，都对代理商满意度和系统满意度具有正向影响作用（Akter et al.，2013）。为此，本章提出以下4个假设：

假设4（H4）：线下服务质量与代理商满意度之间存在正相关关系；

假设5（H5）：线下服务质量与系统满意度之间存在正相关关系；

假设6（H6）：线上服务质量与代理商满意度之间存在正相关关系；

假设7（H7）：线上服务质量与系统满意度之间存在正相关关系。

7.3 研究设计

研究模型，见图7-1，涉及5个变量，分别是线下服务质量、线上服务质量、代理商满意度、系统满意度和政府满意度。为保证模型中变量测量的信度和效度，本章针对以上5个变量的测量均是以现有文献的量表为基础。线下服务质量和线上服务质量是以谭等（Tan et al.，2013）的研究为基础，同时借鉴了皮特等（Pitt et al.，1995）的研究；代理商满意度、系统满意度和政府满意度的测量文献以安等（Au et al.，2008）为基础，同时参考了孙等（Sun et al.，2012）和薛等（Xue et al.，2011）的研究成果。其定义如表7-1所示。

表7-1　　　　　　　　关键概念的界定

变量名	变量定义
线下服务质量	政府和代理商利用互联网等新兴技术手段为用户提供的技术支持和服务在满足客户需求及其传递及时的程度

变量名	变量定义
线上服务质量	政府和代理商利用互联网等新兴技术手段为用户提供的技术支持和服务在满足客户需求及其传递及时的程度
系统满意度	用户对使用电子政务系统帮助其完成预期任务的满意程度
代理商满意度	用户对代理商解决其在使用电子政务过程中遇到的问题的满意程度
政府满意度	用户对政府为了他们的利益而履行了其应该履行的义务的满意程度

　　本章收集数据的对象是电子税务系统（增值税防伪税控系统），该系统是金税工程的核心系统，是目前最为成熟和最为完善的电子政务系统之一。金税工程从 1994 年开始试点，至今已经将近 20 年，截至 2012 年底，全国增值税一般纳税人企业全部纳入该系统，其用户近 360 万。本章采用以网络为基础的在线问卷调查法，这种方法在信息系统的研究中较为常见（e. g.，Zhou et al.，2009）。本次调研的问卷挂在代理商的门户网站上，然后随机邀请纳税人企业前来填写问卷，前后持续时间 1 个月。最终我们收集到的有效问卷为 408 份。问卷填写者女性占比为 58%，之所以女性较多是因为税控系统的主要使用者是企业的会计人员，而女性更倾向于从事会计工作；被访者的平均年龄为 28.4 岁；大专以上文化程度占到 90%；使用税控系统的平均年限为 4.3 年。我们对参与调查的企业与未参与调查的企业进行了 T 检验，发现二者并未有显著的差异（$p > 0.05$），说明问卷具有较好的代表性（效度）。

　　本章采用两步法来验证模型的有效性，第一步先验证测量模型中相关变量的信度和效度，第二步利用 AMOS 验证结构模型的有效性（Anderson et al.，1988）。

7.4 实 证 结 果

7.4.1 测量模型

在测度模型中阿尔法（α）值、复合信度（CR）和平均抽取方差（AVE）通常用来评估变量的信度。一般来说，可接受的 α 值和 CR 值是大于 0.7（Nunnally et al.，1994），AVE 大于 0.5（Fornell et al.，1982）。从表 7－2 可以看出，在我们的模型中，变量的 α 值和 CR 值都大于 0.8，AVE 值都大于 0.7。这表明，模型中的变量具有较好的信度。为进一步评估模型的收敛效度（convergent validity）和鉴别效度（discriminant validity），我们对 AVE 值进行了开平方，结果表明，AVE 的平方根均大于变量与其他变量之间的交叉相关系数值（Chin et al.，2003），表明模型的收敛效度和鉴别效度符合要求。通过以上分析表明，模型中的变量具有较好的信度。

表 7－2　结构效度（CR）、平均抽取方差（AVE）和 Cranach's α（α）

变量	AVE (>0.50)	CR (>0.70)	C. α (>0.70)	CF	1	2	3	4	5
1. 线下服务质量	0.74	0.88	0.82	0.83/0.78/0.88	0.86				
2. 线上服务质量	0.85	0.95	0.92	0.85/0.92/0.84	0.67	0.92			
3. 代理商满意度	0.80	0.94	0.92	0.77/0.72/0.71	0.66	0.81	0.89		
4. 系统满意度	0.83	0.93	0.86	0.86/0.83/0.84	0.64	0.69	0.67	0.92	
5. 政府满意度	0.79	0.93	0.89	0.83/0.76/0.89	0.53	0.49	0.50	0.45	0.91

7.4.2 结构模型

表 7 - 3 显示了模型的拟合优度，本模型的值均符合结构方程的建议值，表明模型拟合较好。

表 7 - 3 模型的拟合度

指标	x2/df	RMSEA	GFI	AGFI	NFI	CFI
建议值	< 3	< 0.08	> 0.90	> 0.80	> 0.90	> 0.90
模型值	1.6	0.04	0.92	0.88	0.93	0.94

图 7 - 2 显示了研究模型的实证结果。模型中的最终因变量（政府满意度）解释了政府满意度值为 0.56。一般来说，R^2 的值大于 0.3，就认为模型能够很好地解释因变量（Liang et al.，2007）。更进一步来说，H_1（$b = 0.47$，*** $p < 0.001$），H_2（$b = 0.43$，** $p < 0.01$），H_3（$b = 0.38$，* $p < 0.005$）得到了显著性检验。这说明，用户对代理商的满意度和系统的满意度有利于促进其对政府的满意度，其中，代理商满意度对政府满意度的影响作用更大；同时，对代理商的满意度，也有利于促进其对系统的满意度。H_4（$b = 0.49$，*** $p < 0.001$）和 H_5（$b = 0.32$，*** $p < 0.001$）也得到了支持，说明提高线下服务质量和线上服务质量对代理商满意度具有促进作用，其中，线下服务质量对代理商满意度的影响作用更大。H_6（$b = 0.21$，*** $p < 0.001$）和 H_7（$b = 0.45$，*** $p < 0.001$）也得到了经验数据的支撑，说明线下服务质量和线上服务质量对提高系统满意度具有积极作用。

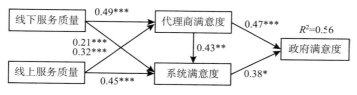

图 7 - 2 电子政务满意度模型的验证结果

7.5 结 果 讨 论

本章的一个重要发现，是线上服务质量和线下服务质量对代理商满意度和电子政务系统满意度的形成具有重要的影响作用。其中，线下服务质量对代理商满意度的影响作用更强，而线上服务质量对系统满意度的影响作用更强。现有研究表明，提升服务质量是增强用户满意度的重要方法（To et al.，2013）。然而，已有研究针对线上服务质量和线下服务质量对满意度的影响作用，尚未引起足够的重视。随着互联网、社会媒体等新兴技术的应用和普及，越来越多的企业同时采用线下服务和线上服务相结合的方式来提高客户满意度（Cabral et al.，2013）。正是基于这样的背景，本章把服务质量细分为线上服务质量和线下服务质量，并通过实证研究发现了线上服务质量和线下服务质量都对代理商满意度和系统满意度具有正向影响作用。同时，我们的研究还显示，在传统渠道的服务模式中，线下服务质量对代理商满意度的影响作用更强；而在互联网的在线服务模式中，线上服务质量对系统满意度的影响作用更强。

本章中另一个比较有意思的发现是，系统满意度和代理商满意度对政府满意度的形成具有重要的影响作用，但代理商满意度的影响作用更为显著。政府满意度是电子政务中的重要研究内容，但在众多的电子政务满意度的研究文献中对系统满意度和政府满意度研究得较多（e.g.，Grimsley et al.，2007）。尽管已有文献都强调服务质量的重要作用（e.g.，Wang，2008），但却忽视了对代理商满意度的分析。与以往研究不同，本章将代理商满意度作为政府满意度的一个重要影响因素。实证结果发现，系统满意度和代理商满意度是形成政府满意度的重要影响因素，并且发现代理商满意度对政府满意度的形成具有非常显著的影响作用。

本章的第三个重要发现，是电子政务中政府满意度的形成机制，用户通过对代理商的满意度和系统的满意度形成其对政府的满意度。实证结果表明，政府满意度形成的中介变量是代理商满意度和系统满意度。具体来说，线下服务质量、线上服务质量通过系统满意度和代理商满意度，最终影响政府满意度。

本章的理论贡献主要有三点：第一，将电子政务满意度区分为电子政务系统满意度、代理商满意度和政府满意度三个维度，并具体揭示了三个维度之间的关系，为政府满意度的构建提供了理论基础。第二，把服务质量区分为线上服务质量和线下服务质量，同时研究其对电子政务满意度的影响作用，进一步拓展了服务质量的理论，为人们研究服务质量开辟了一个新的视角。第三，构建了影响政府满意度的因素模型，并揭示了政府满意度的形成机制。线下服务质量、线上服务质量通过系统满意度和代理商满意度最终影响政府满意度，为政府提升满意度提供了理论基础。

本章对政府、代理商和公共服务接受者具有重要意义：第一，对政府的意义。本章的实证结果表明，在电子政务服务系统中，政府满意度的形成是通过对代理商和电子政务系统的满意度来实现的。这给政府带来的启示是，政府需要构建一个激励相容的机制，使代理商能够按照政府的意愿和设想工作。第二，对公共服务代理商的意义。本章的实证结果表明，线上服务质量和线下服务质量是影响代理商满意度的重要因素，并且线下服务质量的影响作用更为显著。这给服务代理商带来的启示是，服务代理商需要同时为用户提供线上服务和线下服务，在注重线下服务质量提升的同时，也应该注重提高线上服务质量。第三，对公共服务接受者的意义。代理商作为公共服务外包的具体执行者，政府对代理商建立了严格的考核机制，给公共服务接受者带来的启示是，用户可以发挥自身的监督作用，通过向代理商传递其自身的业务需求，让政府及时了解其对公共服务的实际需求。

本章的局限性主要体现在，问卷收集的对象主要是企业的会计人员和电子税务系统，在今后的研究中，有必要增加中国其他电子政务的典型案例，如，金盾工程、金保工程等，进一步验证模型的有效性。

7.6 结 语

基于社会交换理论，构建了政府满意度的形成机制模型，并使用结构方程模型的方法对模型中的路径关系进行了验证。研究结果表明，用户获得越高的线上服务质量和线下服务质量就越有利于增强其对电子政务系统的满意度和对代理商的满意度，从而提高其对政府的满意度；提高用户对代理商的满意度，更有利于增强用户对政府的满意度。本章的结果丰富了电子政务满意度的理论，并对政府构建和提升电子政务中的政府满意度有一定的指导意义。

参 考 文 献

[1] 丁煌，杨显宇. 基于我国电子政务发展层次的满意度模型——来自企业（G2B）的数据. 广东行政学院学报，2013（1）：18 - 22.

[2] 范秀成，杜建刚. 服务质量五维度对服务满意及服务忠诚的影响——基于转型期间中国服务业的一项实证研究. 管理世界，2006（6）：111 - 118.

[3] 谢新水. 论公共信任及公共信任问题. 首都师范大学学报（社会科学版），2012（6）：54 - 61.

[4] 杨雅芬. 电子政务服务质量评价研究及启示. 情报资料工作，2013（6）：69 - 74.

[5] Akter S., D'Ambra J., Ray P. Development and Validation of an Instrument to Measure User Perceived Service Quality of M-Health. Information & Management, 2013, 50（4），181 - 195.

[6] Ancarani A. Towards Quality E-Service in the Public Sector：The Evolution of Web Sites in the Local Public Service Sector. Managing Service Quality，2005，15（1）：6 - 23.

[7] Anderson J. C. , Gerbing D. W. Structural Equation Modeling In Practice: A Review and Recommended Two-Step Approach. Psychological bulletin, 1983, 103 (3): 411 -423.

[8] Aryee S. , Walumbwa F. O. , Mondeja R. , Chu C. W. Accounting for the Influence of Overall Justice on Job Performance: Integrating Self – Determination and Social Exchange Theories. Journal of Management Studies, 2013, 11 (6), Publication in Advance.

[9] Au N. , Ngai W. T. , Cheng T. C. Extending The Understanding of End User Information Systems Satisfaction: An Equitable Needs Fulfillment Model Approach. MIS Quarterly, 2008, 32 (1): 43 – 66.

[10] Benlian A. , Koufaris M. , Hess T. Service Quality in Software-As-A-Service: Developing the Saas – Qual Measure And Examining Its Role in Usage Continuance. Journal of Management Information Systems, 2011, 28 (3): 85 – 126.

[11] Bitner M. J. . Evaluating Service Encounters: The Effects of Physical Surroundings and Employee Responses. The Journal of Marketing, 1990, 56 (2): 69 – 82.

[12] Blau P. Exchange and Power in Social Life. New York: Wiley, 1964.

[13] Cabral S. , Lazzarini S. G. , Azevedo P F. Private Entrepreneurs in Public Services: A Longitudinal Examination of Outsourcing and Satiations of Prisons. Strategic Entrepreneurship Journal, 2013, 7 (1): 6 –25.

[14] Caceres R. C. , Paparoidamis N. G. . Service Quality, Relationship Satisfaction, Trust, Commitment and Business-to-Business Loyalty. European Journal of Marketing, 2007, 41 (4): 836 – 867.

[15] Chin W. W. , Marcolin B. L. , Newsted P. R. A Partial Least Squares Latent Variable Modeling Approach for Measuring Interaction Effects: Results from a Monte Carlo Simulation Study and an Electronic Mail Emotion/Adoption Study. Information Systems Research, 2003, 14 (2): 189 –217.

[16] DeLone W. H. , McLean E. R. Information Systems Success: The Quest for the Dependent Variable. Information Systems Research, 1992, 3 (1): 60 –95.

[17] Fornell C. , Larcker D. F. Evaluating Structural Equation Models with Unobservable Variables and Measurement 25 Errors. Journal of Marketing Research, 1982, 18 (1): 39 –50.

[18] Grimsley M., Meehan A. E-Government Information Systems: Evaluation - Led Design for Public Value and Client Trust. European Journal of Information Systems, 2007, 16 (2): 134 - 148.

[19] Kankanhalli A., Tan B. C. Y., Wei K. K. Contributing Knowledge to Electronic Knowledge Repositories: An Empirical Investigation. MIS Quarterly, 2005, 29 (1): 113 - 143.

[20] Liang H. G., Saraf N., Hu Q., Xue Y. J. Assimilation of Enterprise Systems: The Effect of Institutional Pressures and the Mediating Role of Top Management. MIS Quarterly, 2007, 3 (1): 1 - 30.

[21] Morgeson F. V., Van Amburg D., Mithas S. Misplaced Trust? Exploring the Structure of the E-Government-Citizen Trust Relationship. Journal of Public Administration Research and Theory, 2011, 21 (2): 257 - 283.

[22] Nunnally J., Bernstein I. Psychometric Theory. New York: McGraw Hill, 1994.

[23] Parasuraman A., Zeithaml V. A, Berry L. L. Alternative Scales for Measuring Service Quality: A Comparative Assessment Based on Psychometric and Diagnostic Criteria. Journal of retailing, 1994, 70 (3): 201 - 230.

[24] Pitt L. F., Watson R. T., Kavan C. B. Service Quality: A Measure of Information Systems Effectiveness. MIS quarterly, 1995, 19 (2): 173 - 187.

[25] Sun Y., Fang Y., Lim K. H. User Satisfaction with Information Technology Service Delivery: A Social Capital Perspective. Information Systems Research, 2012, 23 (4): 1195 - 1211.

[26] Tan C. W., Benbasat I., Cenfetelli R. IT-Mediated Customer Service Content and Delivery in Electronic Governments: An Empirical Investigation of The Antecedents of Service Quality. MIS Quarterly, 2013, 37 (1): 77 - 109.

[27] Tan C. W., Benbasat I. IT-Mediated Customer Services in E-Government: A Citizen's Perspective. Communications of the AIS, 2009, 24 (2): 175 - 198.

[28] Teo T. S. H., Srivastava S. C., Li J. Trust and Electronic Government Success: An Empirical Study. Journal of Management Information Systems, 2008, 25 (3): 99 - 131.

[29] To W. M., Tam J. F. Y., Cheung M. F. Y. Explore How Chinese Con-

sumers Evaluate Retail Service Quality and Satisfaction. Service Business, 2013, 7 (1): 121 - 142.

[30] Turel O., Yuan Y. F., Connelly C. E. In Justice We Trust: Predicting User Acceptance of E-Customer Services. Journal of Management Information Systems, 2008, 24 (4): 123 - 151.

[31] Wang C. Antecedents and Consequences of Perceived Value in Mobile Government Continuance Use: An Empirical Research in China. Computers in Human Behavior, 2014 (34): 140 - 147.

[32] Wang Y. S. Assessing E-Commerce Systems Success: A Respecification and Validation of The DeLone And McLean Model of is Success. Information Systems Journal, 2008, 18 (5): 529 - 557.

[33] Welch E. W., Hinnant C. C., Moon M. J. Linking Citizen Satisfaction with E - Government and Trust in Government. Journal of Public Administration Research and Theory, 2005, 15 (3): 371 - 391.

[34] Xue Y., Liang H., Wu L. Punishment, Justice, and Compliance in Mandatory IT Settings. Information Systems Research, 2011, 22 (2): 400 - 414.

[35] Zhou T., Lu Y., Wang B. The Relative Importance of Website Design Quality and Service Quality in Determining Consumers' Online Repurchase Behavior. Information Systems Management, 2009, 26 (4): 327 - 337.

附录: 量表

政府满意度	我对税务局在业务处理过程中的整体表现感到满意
	我与税务局在业务往来中整体是愉快的
	在电子缴税过程中, 我乐意与税务局接触
	我愿意使用税务局推荐的电子报税系统
代理商满意度	我愿意使用航天金穗提供的产品及服务
	即使出现同类的软件产品, 我仍愿意继续使用代理商的产品及服务
	代理商提供的产品及服务整体上令我满意

系统满意度	使用电子税务系统令我感到高兴
	使用电子税务系统令我感到愉快
	使用电子税务系统令我感到欣喜
	总体上讲，我对使用防伪税控系统是满意的
线下服务质量	代理商提供的上门技术服务的内容非常全面
	代理商提供的上门技术服务非常及时
	代理商提供的电话技术服务的内容非常全面
	代理商提供的电话技术服务非常及时
线上服务质量	代理商提供的整体服务非常卓越
	代理商提供的服务质量非常高
	代理商提供的服务标准非常高
	代理商以各种在线方式提供卓越的服务

第 *8* 章

基于社会公平视角的电子政务 满意度的影响因素①

　　陈等（Chan et al.，2010）认为，赢得和提升公民的满意度是政府大力发展和推广电子政务的主要目标之一。孙等（Sun et al.，2012）发现，如何提高电子政务满意度，特别是借助信息技术提高政府满意度是研究人员和企业关注的焦点，也是政府在信息技术条件下急需解决的难题（Teo et al.，2008）。然而，现有针对电子政务满意度的研究，大多是借鉴电子商务满意度的研究范式。如，一些文献显示，电子政务系统的信息质量、系统质量、服务质量和客户对电子政务系统的期望绩效，是影响电子政务满意度的重要因素（丁煌等，2014）。但从实施目标上看，政府实施电子政务的战略目标超出了单纯的效率、效果等经济目标，它更多的是将政治目标和社会目标融合在一起，如，社会复兴、社区繁荣和可持续发展（Grimsley et al.，2007），经济发展与政治变革（Ma et al.，2005），以及公民满意度（Lim et al.，2013）和公共信任（陈明亮等，2009）。由于电子政务与电子商务在实施目标上的不同，就可能导致用户在评价其实施效果（如，满意度）时关注的侧重点有所差异。因此，借助电子商务满意度的研究范式来分析电子政务满意度

---

　　① 本章王长林发表于《河南工业大学学报》（人文社科版）2015 年第 2 期，略有改动。

的影响因素及其形成机制，就存在一定的局限性。

维持社会公平正义，是政府的一个重要目标。经验数据表明，不公平现象的发生会削弱公民对政府的满意度。

已有文献显示，电子政务在提高政府工作效率和决策质量的同时，还能有效地降低行政成本，并能提高政府透明度和降低腐败，在增进社会公平方面起到重要作用（Bannister et al.，2014）。然而，现有关于电子政务满意度影响因素的研究还很少从社会公平的视角展开。

基于现有研究的不足，本章将从社会公平的视角，具体分析电子政务满意度的影响因素，以便为政府在电子政务环境下构建和提升公民对政府的满意度提供理论基础和实践指导。

8.1　文献回顾

最终用户的满意度，是评价电子政务服务效果的常用指标（Au et al.，2008），也是衡量信息系统实施成功的重要变量（DeLone et al.，1992）。研究表明，信息系统使用的失败在很大程度上不是因为技术的因素，而是由于系统没有满足最终用户的需求而造成用户的不支持和对系统的不满意，最终难以获得用户的支持和持续使用。尽管已有文献显示，在电子政务环境下，电子政务满意度是一个多维度的概念，如，电子政务满意度可以区分为系统满意度（对电子政务系统的满意度）、代理商满意度（对服务代理商的满意度）和政府满意度（或整体满意度）（Welch et al.，2005）。然而，现有文献针对电子政务满意度的研究，还主要强调的是用户的整体满意度（Colesca et al.，2008），并且忽视了电子政务满意度的系统性，即不同满意度之间的相互关系。为此，本章将电子政务满意度划分为三个维度：系统满意度、代理商满意度和政府满意度。系统满意度是指，用户对使用电子政务系统帮助其完成预期任务的满意程度。代理商满意度是指，用户对代理商帮助其解决在使用电子政务过程中遇到困难的满意程度。政府满意度是指，用户对政府为了他们的利益而履行其应该履行的义务的满意程度。

社会公平是组织理论和信息系统领域关注的重点问题（Colquitt et al., 2012），这是因为公平感可以看作一种激励机制，它能够有效地预测人的行为。社会公平理论认为，公平性包括分配公平、程序公平和互动公平（Ambrose, 2002）。程序公平是指，用户在使用电子政务系统过程中对其提供的服务类型、方式和内容等决策程序质量的感知。分配公平是指，用户在使用电子政务系统过程中对其为不同的用户提供的同类服务或类似服务质量的感知。互动公平是指，用户在使用电子政务系统过程中对其提供的用户与政府和代理商之间互动质量的感知。在信息系统领域，基于社会公平理论的已有研究表明，个体在投入与收入不对等的情况下，就会表现出对系统或组织的不满意。但类似的情况是否在电子政务环境下成立，还有待进一步研究。

兴起于 20 世纪 60 年代的社会交换理论，是社会学中的一种重要理论，该理论也被称为行为主义的社会心理学理论，它主张关注人的内心世界和对人的心理因素展开研究。社会交换理论的基本内容包括，假设人的一切行为都是一种交换活动，这些活动都受到能够带来激励的交换活动的驱动；人与人之间的关系也表现为交换的关系，社会就是个人行动和行为交换的结果；除物质交换外，个人还可以在社会生活中进行非物质资源的交换（如情感、赞赏、信息、声誉、地位、服务等）（Blau, 1964）。

在管理研究领域，特别是基于个体行为的研究中，社会交换理论常被用来作为模型构建的基础，如，（e. g., Aryee et al., 2013; e. g., Kankanhalli et al., 2005），分析人与人之间的网络关系及交换过程。尤其在一个信息不对称的市场中，由于参与者并不是纯粹的理性经济人，在作出一些决策时掺和了非理性的因素。另外，本章中社会公平与电子政务满意度的测度均是基于个体的感知，他们分别属于不同个体拥有的一种非物质资源，是可以用来交换的。为此，本章以社会交换理论作为理论基础，构建社会公平对电子政务满意度影响的研究模型，见图8-1。

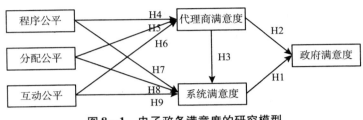

图8-1　电子政务满意度的研究模型

8.2　研　究　假　设

研究表明，代理商在系统使用过程中扮演着重要的角色，用户对代理商的信任有利于形成其对系统的信任，并增强其再次使用系统的意愿（DeLone et al.，2003）。与此类似，基于服务代理商的满意度有利于形成用户对政府的满意度和对电子政务信息系统的满意度（Tan et al.，2013）。这是因为，对服务代理商的满意有利于构建用户与代理商之间的信任关系，从而减小用户对业务处理的认知风险和外部环境的不确定性，这在当前政府信息还不是十分透明的背景下显得尤为重要。另外，用户恰当地使用电子政务系统来处理业务，能够获得更便捷的服务、更完整的信息，并降低用户的业务处理成本，从而增加其对政府的满意度（Pang et al.，2014）。为此，本章给出以下三个假设：

H1：代理商满意度与政府满意度之间存在正相关关系；

H2：系统满意度与政府满意度之间存在正相关关系；

H3：代理商满意度与系统满意度之间存在正相关关系。

在电子政务环境下，公民希望政府能够提供更加透明的服务，更加丰富的信息和展示更加负责任的形象。事实上，政府发展电子政务系统确实能增加政府的透明度、提升政府的执政能力和减少腐败（Bertot et al.，2010）。基于公平理论的原理，公民对分配公平、程序公平（Turel et al.，2008）和互动公平的感知，对系统满意度和代理商满意能够产生直接影响（陈健等，2011）。已有的研究文献也显示，程序公平（Xue et al.，2011）、分配公平和互动公平，对系统满意度和代理商满意度具有正向影响作用（Colquitt et al.，2011）。为此，本章提出以下六个假设：

H4：程序公平与代理商满意度之间存在正相关关系；

H5：分配公平与代理商满意度之间存在正相关关系；

H6：互动公平与代理商满意度之间存在正相关关系。

H7：程序公平与系统满意度之间存在正相关关系；

H8：分配公平与系统满意度之间存在正相关关系；

H9：互动公平与系统满意度之间存在正相关关系。

8.3 研究设计

为保证模型中变量测量的信度和效度，研究中涉及的变量均以现有文献的量表为基础。程序公平、分配公平和互动公平的测量以马克斯汉姆等（Maxham III et al.，2002）为基础；代理商满意度、系统满意度和政府满意度的测量以韦尔奇等（Welch et al.，2005）为基础，同时参考了孙等（Sun et al.，2012）的研究成具。本章收集数据的对象，是电子税务系统（增值税防伪税控系统），该系统是金税工程的核心系统，是目前最为成熟和最为完善的电子政务系统之一。金税工程从 1994 年开始试点，至今已经将近 20 年，截至2012 年底，全国增值税一般纳税人企业全部纳入该系统，其用户近360 万人。本章采用以网络为基础的在线问卷调查法，这种方法在信息系统的研究中较为常见，（e. g.，Zhou et al.，2009）。

本章采用两步法来验证模型的有效性，第一步先验证测量模型中相关变量的信度和效度，第二步验证结构模型的有效性（Anderson et al.，1988）。

8.4 实证结果

在评估结构方程中的测度模型中，阿尔法（α）值、复合信度（CR）和平均抽取方差（AVE）通常用来评估变量的信度。一般来说，可接受的 α 值和 CR 值大于 0.7（Nunnally et al.，1994），AVE 大于 0.5（Fornell et al.，1982）。从表 8 – 1 可以看出，模型中各变量的 α 值和 CR 值都大于 0.8，AVE 值都大于 0.7。这表明，模型中的变量具有较好的信度。为进一步评估模型的收敛效度和鉴别效度，我们对 AVE 值进行了开平方，结果表明，AVE 的平方根均大于变量与其他变量之间的交叉相关系数值（Chin et al.，2003），这表明模型的收敛效度和鉴别效度符合要求。通过以上分析表明，模型中的变量具有较好的信度。具体结果，见表 8 – 1。

表 8 – 1 　　　　　　　　测量模型中的各相关指标

变量	AVE	CR	α 值	因子载荷	R^2	1	2	3	4	5	6	7
1. PJ	0.79	0.94	0.91	0.77/0.72/0.71		0.89						
2. DJ	0.83	0.91	0.93	0.90/0.92/0.93		0.67	0.91					
3. IJ	0.76	0.93	0.90	0.85/0.89/0.92		0.66	0.81	0.87				
4. AS	0.80	0.92	0.91	0.93/0.93/0.90	0.38	0.64	0.69	0.67	0.89			
5. SS	0.83	0.86	0.89	0.91/0.92/0.88	0.45	0.53	0.49	0.50	0.45	0.91		
6. GS	0.79	0.89	0.82	0.81/0.79/0.81	0.56	0.64	0.63	0.64	0.60	0.69	0.89	

研究模型的实证研究结果，如图 8 - 2 所示。模型中的最终因变量（政府满意度）解释了政府满意度值为 0.56。一般来说，R^2 的值大于 0.3，就认为模型能够很好地解释因变量（Liang et al., 2007）。更进一步来说，H_1（$b = 0.49$，$***p < 0.001$），H_2（$b = 0.36$，$**p < 0.01$），H_3（$b = 0.39$，$**p < 0.01$）得到了显著性检验，这说明，用户对代理商的满意度和系统的满意度有利于促进其对政府的满意度，其中代理商满意度对政府满意度的影响作用更强；同时，对代理商的满意度，也有利于促进其对系统的满意度。H_4（$b = 0.25$，$***p < 0.001$）和 H_6（$b = 0.22$，$**p < 0.01$）得到了验证，说明程序公平和互动公平对代理商满意度具有促进作用。H_7（$b = 0.53$，$***p < 0.001$）和 H_9（$b = 0.58$，$*p < 0.05$）也得到了验证，说明程序公平和互动公平有利于提高系统满意度。

从模型的实证结果显示，H_5（$b = 0.12$，$p > 0.05$）和 H_8（$b = 0.23$，$p > 0.05$）未得到验证。即，分配公平对代理商满意度和系统满意度的影响作用不显著。其原因可能在于，目前中国的电子政务系统的功能主要还是提供信息，而非在线交易，因此用户对分配公平的感知并不明显。模型的验证结果，具体可参见图 8 - 2。

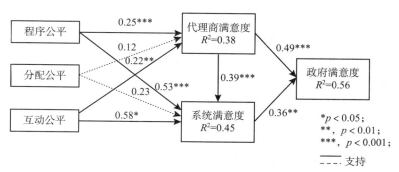

图 8 - 2　PLS 运行结果的路径模型

8.5 结 果 讨 论

本章中一个重要的发现，是程序公平和人际公平对代理商满意度和系统满意度的形成有重要的影响作用，而分配公平对其二者的影响作用并不显著。本章将社会公平引入电子政务满意度中，并进行了实证分析。实证结果发现，程序公平和人际公平对电子政务系统满意度有重要的影响作用，这与以往的研究结果较为一致，（e.g.，Maxham III et al.，2002）。所不同的是，本章中分配公平对电子政务系统满意度和代理商满意度不具有影响作用，这可能与中国现阶段电子政务所处的阶段有关。另外，本章还分析了社会公平的三个维度对代理商满意度的影响作用，这也是本章区别以往研究的重要表现之一，因为在以往针对电子政务满意度的研究中较少涉及代理商的满意度（Wang，2014）。

本章中另一个重要的发现，是系统满意度和代理商满意度对政府满意度的形成具有重要的影响作用，并且代理商满意度的影响作用更为显著。政府满意度是电子政务中的重要研究内容，但在众多的电子政务满意度的研究文献中对系统满意度、公民满意度和政府满意度研究得较多。尽管不少文献都强调服务质量的重要作用，但却忽视了对代理商满意度的分析。与以往研究不同，本章将代理商满意度作为政府满意度的一个重要影响因素。实证结果发现，系统满意度和代理商满意度，是形成政府满意度的重要影响因素，并且发现代理商满意度对政府满意度的形成具有非常显著的影响作用。

本章的理论贡献有两点：第一，将电子政务满意度区分为电子政务系统满意度、代理商满意度和政府满意度三个维度，并具体揭示了三个维度之间的关系。第二，基于社会公平的理论视角，把公平性的三个维度引入电子政务满意度的影响因素模型中，构建了电子政务满意度的影响因素模型。实证结果表明，不同维度的社会公平对电子政务满意度的影响作用存在一定的差异。

本章的现实意义有两点。第一，本章的实证结果表明，在电子政务服务系统中，政府满意度的形成是通过对代理商和电子政务系统的满意度来实现，并且代理商满意度的影响作用更强。这给政府带来的启示是，政府在实施电子政务中应该注意代理商的甄别，选择能提供优质服务的代理商以有效提升政府的满意度。第二，程度公平和互动公平对代理商满意度和系统满意度均具有重要作用，但程序公平对代理商满意度的影响作用更为显著，而互动公平对系统满意度的影响作用更强。这就要求政府在实施电子政务中应采取不同的策略，通过提升用户对不同类型的公平性的感知来提升代理商满意度和系统满意度。

本章的局限性主要体现在，问卷收集的对象主要是企业的会计人员和电子税务系统，在今后的研究中，有必要增加中国其他电子政务的典型案例，如，金盾工程、金保工程等，进一步验证模型的有效性。另外，本章主要是从社会公平的视角来分析电子政务满意度的影响因素，今后需要从其他视角（如，服务质量）进一步分析影响电子政务满意度的因素（王长林等，2011）。

8.6　结　　语

基于社会交换理论构建了电子政务满意度的影响因素模型，并利用从用户收集的 408 份有效样本数据，对模型中的路径关系进行了验证。研究结果表明，用户获得越高的程序公平和互动公平，就越有利于增强其对代理商的满意度和系统的满意度，进而增强其对政府的满意度。进一步分析后发现，代理商满意度对政府满意度的影响作用更为显著；而用户对分配公平的感知，对系统满意度和代理商满意度不具有影响作用。本章的结果为政府通过发展电子政务来提升公民对政府的满意度，提供了理论基础和实践指导。

参 考 文 献

［1］陈健，顾新，吴绍波．知识网络公平感对知识共享的影响及路径研究．情报杂志，2011（4）：107－112.

［2］陈明亮，马庆国，田来．电子政务客户服务成熟度与公民信任的关系研究．管理世界，2009（2）：58－66.

［3］丁煌，杨显宇．基于我国电子政务发展层次的满意度模型——来自企业（G2B）的数据．广东行政学院学报，2013（1）：18－22.

［4］王长林，陆振华，冯玉强，方润生．后采纳阶段移动政务的持续使用——基于任务—技术匹配理论的实证分析．情报杂志，2011（10）：189－193.

［5］谢新水．论公共信任及公共信任问题．首都师范大学学报（社会科学版），2012（6）：54－61.

［6］Ambrose M. L. Contemporary justice research: A new look at familiar questions. Organizational Behavior and Human Decision Processes, 2002, 89（1）: 803－812.

［7］Anderson J. C., Gerbing D. W. Structural equation modeling in practice: A review and recommended two-step approach. Psychological bulletin, 1988, 103（3）: 411－423.

［8］Aryee S., Walumbwa F. O., Mondeja R., Chu C. W.. Accounting for the influence of overall justice on job performance: Integrating self-determination and social exchange theories. Journal of Management Studies, 2013, （11）: 1－20.

［9］Au N., Ngai W. T., Cheng T. C. Extending the understanding of end user information systems satisfaction: An equitable needs fulfillment model approach. MIS Quarterly, 2008, 32（1）: 43－66.

［10］Bannister F., Connolly R. ICT, public values and transformative government: A framework and programme for research. Government Information Quarterly, 2014, 31（1）: 119－128.

［11］Bertot J. C., Jaeger P. T., Grimes J. M. Using ICTs to create a culture of transparency: E-government and social media as openness and anti-corruption tools for societies. Government Information Quarterly, 2010, 27（3）: 264－271.

［12］ Blau P. Exchange and Power in Social Life. New York: Wiley, 1964.

［13］ Chan F. K. Y. , Thong J. Y. L. , Venkatesh V. , et al. Modeling citizen satisfaction with mandatory adoption of an e-government technology. Journal of the Association for Information Systems, 2010, 11 (10): 519 – 549.

［14］ Chin W. W. , Marcolin B. L. , Newsted P. R. . A partial least squares latent variable modeling approach for measuring interaction effects: results from a monte carlo simulation study and an electronic mail emotion/adoption study. Information Systems Research, 2003, 14 (2): 189 – 217.

［15］ Colesca S. E. , Dobrica L. Adoption and use of e-government services: The case of Romania. Journal of applied research and technology, 2008, 6 (3): 204 – 217.

［16］ Colquitt J. A. , LePine J. A. , Piccolo R. F. Explaining the justice-performance relationship: Trust as exchange deepener or trust as uncertainty reducer. Journal of Applied Psychology, 2012, 97 (1): 1 – 15.

［17］ Colquitt J. A. , Rodell J. B. Justice, trust, and trustworthiness: A longitudinal analysis integrating three theoretical perspectives. Academy of Management Journal, 2011, 54 (6): 1183 – 1206.

［18］ DeLone W. H. , McLean E. R. Information systems success: The quest for the dependent variable. Information Systems Research, 1992, 3 (1): 60 – 95.

［19］ DeLone W. H. , McLean E. R. . The DeLone and Mclean model of information systems success: A ten-year update. Journal of management information systems, 2003, 19 (4): 9 – 30.

［20］ Fornell C. , Larcker D. F. Evaluating structural equation models with unobservable variables and measurement 25 error. Journal of Marketing Research, 1982, 18 (1): 39 – 50.

［21］ Grimsley M. , Meehan A. e-Government information systems: Evaluation-led design for public value and client trust. European Journal of Information Systems, 2007, 16 (2): 134 – 148.

［22］ Kankanhalli A. , Tan B. C. Y. , Wei K. K. Contributing knowledge to electronic knowledge repositories: An empirical investigation. MIS Quarterly, 2005, 29 (1): 113 – 143.

［23］ Liang H. G. , Saraf N. , Hu Q. , Xue Y. J. . Assimilation of enterprise systems: The effect of institutional pressures and the mediating role of top management. MIS Quarterly, 2007, 3 (1): 1 – 30.

[24] Lim E. T. K., Tan C. W., Cyr D. Advancing public trust relationships in electronic government: the Singapore e-filing journey. Information Systems Research, 2013, 23 (4): 1110 – 1130.

[25] Ma L., Chung J., Thorson S. E-government in china: economic development through administrative reform. Government Information Quarterly, 2005, 22 (1): 20 – 37.

[26] Maxham III J. G., Netemeyer R. G.. Modeling customer perceptions of complaint handling over time: the effects of perceived justice on satisfaction and intent. Journal of Retailing, 2002, 78 (4): 239 – 252.

[27] Nunnally J., Bernstein I.. Psychometric theory. New York: McGraw Hill, 1994.

[28] Pang M. S., Tafti A., Krishnan M. S. Information technology and administrative efficiency in U. S. state governments-a stochastic frontier approach, MIS Quarterly, 2014, (1): 1 – 20.

[29] Sun Y., Fang Y., Lim K. H., et al. User satisfaction with information technology service delivery: A social capital perspective. Information Systems Research, 2012, 23 (4): 1195 – 1211.

[30] Tan C. W., Benbasat I., Cenfetelli R. IT-mediated customer service content and delivery in electronic governments: An empirical investigation of the antecedents of service quality. MIS Quarterly, 2013, 37 (1): 77 – 109.

[31] Teo T. S. H., Srivastava S. C., Jiang L. Trust and electronic government success: an empirical study. Journal of Management Information Systems, 2008, 25 (3): 99 – 132.

[32] Turel O., Yuan Y. F., Connelly C. E. In justice we trust: Predicting user acceptance of e-customer services. Journal of Management Information Systems, 2008, 24 (4): 123 – 151.

[33] Wang C. Antecedents and consequences of perceived value in Mobile Government continuance use: An empirical research in China. Computers in Human Behavior, 2014, 34 (5): 140 – 147.

[34] Welch E. W., Hinnant C. C., Moon M. J. Linking citizen satisfaction

with e-government and trust in government. Journal of Public Administration Research and Theory, 2005, 15 (3): 371 – 391.

[35] Xue Y. , Liang H. , Wu L. . Punishment, justice, and compliance in mandatory it settings. Information Systems Research, 2011, 22 (2): 400 – 414.

[36] Zhou T. , Lu Y. , Wang B. The relative importance of website design quality and service quality in determining consumers' online repurchase behavior. Information Systems Management, 2009, 26 (4): 327 – 337.

第 9 章

服务质量、社会公平与政府满意度

9.1 引　　言

　　赢得和提升公民的满意度，是政府大力发展和推广电子政务的主要目标之一，如何提高电子政务满意度，特别是借助信息技术提高政府满意度是研究人员和企业关注的焦点，也是政府在信息技术条件下急需解决的难题（Sun et al.，2012）。然而，现有针对电子政务环境下的政府满意度的研究，大多借鉴了电子商务满意度的研究范式。如，一些文献显示，电子政务系统的信息质量、系统质量、服务质量和客户对电子政务系统的期望绩效，是影响电子政务满意度的重要因素（丁煌等，2013）。但从实施目标上看，政府实施电子政务的战略目标超出了单纯的效率、效果等经济目标（Grimsley et al.，2007），更多的是，将政治目标和社会目标融合在一起，如，社会复兴、社区繁荣和可持续发展，经济发展与政治变革，以及公民满意度和公共信任（陈明亮等，2009）。由于电子政务与电子商务在实施目标上的不同，就可能导致用户在评价其实施效果（如，满意度）时考虑的侧重点有所差异。因此，借助电子商务满意度的研究范式来分析电子政务满意度的影响因素及其形成机制，就存在一定的局限性。

范等（Fan et al.，2014）发现，尽管理论研究和业务实践都显示，电子政务的实施有利于提升政府满意度。然而，万奇等（Welch et al.，2005）发现，现有理论并没有回答电子政务环境下政府满意度是如何形成的。基于这一研究问题，本章以金税工程为研究背景，在理论上揭示基于中国电子政务实践的政府满意度的形成机制；实践上，通过总结采用公共服务外包方式发展的电子政务成功实施的经验，为中国电子政务的建设和发展，以及公共服务外包提供经验和启示。

9.2 理论基础与研究假设

9.2.1 社会交换理论

在管理研究领域，特别是基于个体行为的研究中，社会交换理论常被用来作为模型构建的基础（Aryee et al.，2014），分析人与人之间的网络关系及交换过程。尤其在一个信息不对称的市场中，由于参与者并不是纯粹的理性经济人，在作出一些决策时掺和了非理性的因素。本章之所以采用社会交换理论的分析框架，是因为线上服务质量和线下服务质量、社会公平与电子政务满意度在行为研究范式中，其测度均基于个体的感知，是可以用来交换的由不同个体拥有的一种非物质资源。为揭示电子政务中政府满意度的形成机制，本章构建了一个包含服务质量、社会公平和电子政务满意度的研究模型，具体探索服务质量和社会公平对电子政务满意度的影响作用，见图 9-1。

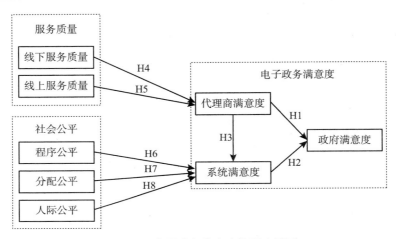

图 9 –1   电子政务满意度的研究模型

9.2.2   研究假设

最终用户的满意度因其对信息系统的成功使用具有决定性作用，而被广泛用来衡量信息系统的成功。研究表明，信息系统使用的失败在很大程度上不是因为技术的因素，而是由于系统没有满足最终用户的需求而造成用户的不支持和对系统的不满意，最终难以获得用户的支持和持续使用。然而，现有文献针对满意度的研究还主要强调的是用户的整体满意度。尽管已有研究显示电子政务满意度的对象有系统和政府之分（Chan et al.，2010），另一个不足的地方在于，尽管公共服务外包中代理商发挥着重要作用，但针对服务代理商满意度的研究涉及更少。为此，本章根据金税工程的业务实践，提出电子政务满意度的 3 个维度、系统满意度、代理商满意度和政府满意度，并在此基础上构建相关研究假设。

构建政府满意度，是政府发展电子政务优先考虑的目标之一。研究表明，代理商在系统使用过程中扮演着重要的角色，用户对代理商的信任有利于形成其对系统的信任和增强其再次使用系统的意愿（Turel et al.，2008）。与此类似，基于服务代理商的满意度，有利于形成对政府的满意度和对信息系统的满意度。这是因为，对服务代理商的满意有利于构建二者之间的信任关系，从而减少企业对业务处理的认知风险和外部环境的不确定性，这在当前政府信息还不是十分透明的背景下显得尤为重要。另外，企业通过使用电子政务系统来处理业务，而不直接与政府相关人员接触，就减少了政府工作人员在企业办理业务过程中的人为干扰因素，增强了政府信息的透明度并降低了企业的业务处理成本。为此，本章给出以下三个假设：

假设1（H1）：代理商满意度与政府满意度之间存在正相关关系；

假设2（H2）：系统满意度与政府满意度之间存在正相关关系；

假设3（H3）：代理商满意度与系统满意度之间存在正相关关系。

服务质量是指，用户对产品或服务优越性的整体评价，其形成基础是用户通过比较其认为应该得到的服务与服务商实际提供服务之间的差距（Pitt et al.，1995），服务质量被看作满意度的重要影响因素得到了现有众多文献的支持，已有文献在针对服务质量的研究时，一方面，倾向于把服务质量看作单一维度的概念；另一方面，倾向于将服务质量区分为服务内容质量和服务传递质量，或技术质量和功能质量（Tan et al.，2013）。然而，随着信息技术的发展，信息系统服务商除了采用传统的技术支持手段（如，上门软件安装、技术培训、电话支持）向用户提供线下服务外，他们也纷纷借助互联网（如，通过及时通信工具提供在线支持）等技术手段为用户提供线上服务，由此产生了线下服务质量和线上服务质量。

尽管服务质量对用户采纳电子政务具有重要的影响作用，然而现有对电子系统服务质量的测度却忽视了隐含在系统设计中最基本的以用户为中心的原则，导致了从总体上衡量的服务质量并不能为电子政务系统的设计和开发提供明确的指导作用。以用户为中心的服务质量，可以区分为服务内容质量和服务传递质量（Ancarani et al.，2005），本章也将沿用这一视角，从服务内容和服务传递两个角度对线上服务质量和线下服务质量进行界定。线上服务质量是指，企业利用互联网等新兴技术手段为客户提供的技术支持和服务在满足客户需求及其传递及时的程度，线下服务质量是指，借助传统的交流方式（如，"面对面"的交流电话等）为客户提供的技术支持和服务在满足客户需求及其传递及时的程度。研究显示，借助传统服务手段为客户提供的线下服务，用户重点考虑产品的质量和服务传递的效率。而在线上服务中，用户则重点关注的是信息质量、系统质量和服务质量。已有研究表明，无论是线上服务质量还是线下服务质量，都对代理商满意度具有正向影响作用（Akter et al.，2013）。为此，本章提出以下两个假设：

假设4（H4）：线下服务质量与代理商满意度之间存在正相关关系；

假设5（H5）：线上服务质量与代理商满意度之间存在正相关关系。

社会公平是组织理论和信息系统领域关注的重点问题，因为公平感可以看作是一种激励机制，能够有效地预测人的行为。社会公平理论认为，公平性包括分配公平、程序公平和互动公平。其中，衡量人们在沟通过程中所感知到的互动公平，又可以进一步细分为信息公平和人际公平，分别体现了沟通的信息传递和状态传递（Colquitt et al.，2011）。由于防伪税控系统只是一个业务处理系统，并不涉及信息提供方面的内容，也就不存在信息公平的问题。因此，金税工程中涉及的社会公平，只包括程序公平、分配公平和人际公平。

现有研究表明，社会公平是信任和强制使用意愿的重要的影响因素（Xue et al.，2011），但社会公平对满意度究竟具有何种影响作用以及作用机制还未引起足够的重视。根据社会交换理论的原理，用户对信息系统以及在处理业务过程中公平性的感知，有利于其对信息系统的满意度。已有的研究文献也显示，程序公平、分配公平和人际公平对系统满意度具有正向影响作用（廖飞等，2012）。为此，本章提出以下 3 个假设：

假设 6（H6）：程序公平与系统满意度之间存在正相关关系；

假设 7（H7）：分配公平与系统满意度之间存在正相关关系；

假设 8（H8）：人际公平与系统满意度之间存在正相关关系。

本章基于社会交换理论，构建了一个包含服务质量、社会公平与电子政务满意的研究模型，与包含了信息质量、系统质量和服务质量的信息系统成功模型不同，本模型中并未包含信息质量和系统质量两个变量，这是因为强制使用环境下系统的有用性对用户使用系统的意愿并不产生影响，而感知的公平性则对用户使用意愿具有重要影响。由此表明，用户在强制使用环境下更关注服务质量，而非系统本身的有用性（如，系统质量和信息质量）。

9.3 研究设计及数据收集

研究模型，见图 9 - 1，涉及 8 个变量，分别是线下服务质量、线上服务质量、程序公平、分配公平、人际公平、代理商满意度、系统满意度和政府满意度。为保证模型中变量测量的信度和效度，本章针对以上 8 个变量的测量均是以现有文献的量表为基础，这些文献的选择主要是以本领域的顶级期刊为原则，并根据增值税防伪税控系统以及金税用户的实际情况进行改编。线下服务质量和线上服务质量参考了谭等（Tan et al.，2013）的研究成果；程序公平、分配公平和人际公平参照了图瑞欧等（Turel et al.，2008）的量表；代理商满意度、系统满意度和政府满意度的测量采源于安等（Aun et al.，2008）的研究设计。

9.4 研究结果与讨论

9.4.1 测量模型

本章采用 *Smart - PLS* 2.0 来验证模型的有效性，现有研究中大量采用其作为结构方程的验证工具。在 *PLS* 评估结构方程的测度模型中，Cronbach's α (α) 值、复合信度（CR）和平均抽取方差（AVE）通常用来评估变量的信度。一般来说，可接受的 α 值是大于0.7，CR 大于0.7，AVE 大于0.5 (Tan et al.，2013)。从表 9 - 1 中可以看出，在我们的模型中，变量的 α 值和 CR 值都大于0.8，AVE 值都大于0.7。这表明，模型中的变量具有较好的信度。为了进一步评估模型的收敛效度（convergent validity）和鉴别效度（discriminant validity），我们对 AVE 值进行了开平方，结果表明，AVE 的平方根均大于变量与其他变量之间的交叉相关系数值，表明模型的收敛效度和鉴别效度符合要求。通过以上分析表明，模型中的变量具有较好的信度。详细参数见表 9 - 1。

表 9 - 1 结构效度（CR）、平均抽取方差（AVE）和 Cranach's α(α)

变量	AVE (>0.50)	CR (>0.70)	Cranach's α (>0.70)
线下服务质量	0.74	0.88	0.82
线上服务质量	0.85	0.95	0.92
程序公平	0.79	0.94	0.91
分配公平	0.83	0.91	0.93
人际公平	0.78	0.93	0.90
代理商满意度	0.80	0.94	0.92
系统满意度	0.83	0.93	0.86
政府满意度	0.79	0.93	0.89

9.4.2　结构模型

研究模型的实证结果，如图 9 - 2 所示。模型中的最终因变量（政府满意度）解释了政府满意度值为 0.56。一般来说，R^2 的值大于 0.3，就认为模型能够很好地解释因变量。更进一步来说，H1（$b = 0.47$，$***p < 0.001$），H2（$b = 0.43$，$**p < 0.01$），H3（$b = 0.38$，$*p < 0.005$）得到了显著性检验。这说明，用户对代理商的满意度和系统的满意度有利于促进其对政府的满意度，其中，代理商满意度对政府满意度的影响作用更大。同时，对代理商的满意度，也有利于促进其对系统的满意度。H4（$b = 0.49$，$***p < 0.001$）和 H5（$b = 0.32$，$***p < 0.001$）也得到了支持，说明提高线下服务质量和线上服务质量对代理商满意度具有促进作用，其中，线下服务质量对代理商满意度的影响作用更大。H5（$b = 0.53$，$***p < 0.001$）和 H8（$b = 0.58$，$***p < 0.001$）也得到了经验数据的支撑，说明程序公平和人际公平有利于提高系统满意度。从模型的实证结果显示，H7（$b = 0.23$，$p > 0.05$）未得到验证，其原因可能是由于中国特殊的"关系"文化背景，企业与税务专管员之间"关系"的强弱直接影响其办理业务的效率。由于防伪税控系统同时对征纳双方进行监督，并且尽可能减少缴税时企业与税务人员的接触，这种避免与税局人员的接触能有效地提高系统满意度，就可能导致用户对于程序公平和人际公平对满意度的影响作用体会得更深（如，实证结果显示，二者对系统满意度的相关系数都显著大于分配公平），或者认为防伪税控系统产生的公平主要是程序公平和人际公平，而忽视了分配公平对系统满意度的影响作用。

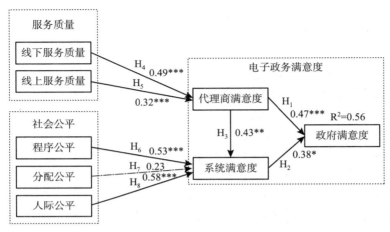

*p < 0.05，**p < 0.01，***p < 0.001

图9-2 电子政务满意度模型的验证结果

9.4.3 中介效应

根据结构模型，见图9-2的初步验证结果显示，代理商满意度和系统满意度分别对服务质量和政府满意度、社会公平与政府满意度有中介作用。为进一步验证代理商满意度和系统满意度的中介作用，本章采用梁等（Liang et al.，2007）利用 *Smart - PLS* 检验中介作用的方法，本章在图9-2的基础上构成两个模型：（1）系统满意度对社会公平与政府满意度的中介作用的模型，见图9-3；（2）代理商满意度对服务质量与政府满意度的中介作用的模型，见图9-4。下面，将分别验证系统满意度和代理商满意度的中介作用。

（1）系统满意度的中介作用

为验证系统满意度对社会公平与政府满意度的中介作用，在图9-2的基础上增加本章中的三个自变量对因变量的影响作用关系，路径模型，见图9-3。

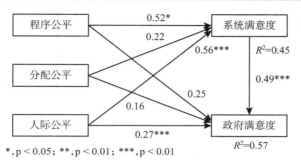

*，p < 0.05；**，p < 0.01；***，p < 0.01

图 9 - 3　系统满意度的中介作用模型

图 9 - 3 显示，程序公平对系统满意度具有显著的正向影响作用，而对政府满意度的影响作用不显著，说明系统满意度对程序公平与政府满意度具有完全中介作用；人际公平同时对政府满意度和系统满意度的影响作用显著，说明系统满意度对人际公平和政府满意度具有部分中介作用。由于分配公平对系统满意度的相关系统不显著，说明系统满意度对分配公平与政府满意度不具有中介作用。

（2）代理商满意度的中介作用

为验证代理商满意度对线上服务质量、线下服务质量与政府满意度的中介作用，需要在图 9 - 2 的基础上建立 2 个自变量与因变量政府满意度之间的关系，从而形成模型，如图 9 - 4 所示。

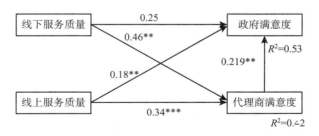

*，p < 0.05；**，p < 0.01；***，p < 0.01

图 9 - 4　代理商满意度的中介作用模型

图 9－4 显示，线下服务质量对代理商满意度的正向影响作用显著，但对政府满意度的作用不显著，说明代理商满意度对线下服务质量和政府满意度具有完全中介作用；线上服务质量同时对政府满意度和代理商满意度的正向影响作用显著，说明代理商满意度对线上服务质量和政府满意度具有部分中介作用。

9.5　研　究　发　现

本章中一个非常重要的发现是，公共服务外包中政府满意度的形成机制，用户通过对代理商的满意度和系统的满意度来形成其对政府的满意度。现有关于公共服务外包的研究并未针对这一问题展开，如，刘波等（2010），杨燕绥等（2013）。本章基于中国电子政务的典型案例——金税工程，通过实证研究发现了政府满意度形成的中介变量是代理商满意度和系统满意度。具体来说，线下服务质量、线上服务质量通过代理商满意度最终影响政府满意度；程序公平和人际公平通过影响系统满意度，最终影响政府满意度。

本章一个有意思的发现是，程序公平和人际公平对系统满意度的形成具有重要影响作用，而分配公平对系统满意度不具有影响作用。实证结果发现，程序公平和人际公平对电子政务系统满意度具有重要的影响作用，这与以往的研究结果较为一致，如，吕伟等（2008）。所不同的是，本章中分配公平对电子政务系统满意度不具有影响作用，其原因可能是本章选取的特殊研究对象（金税工程）、中国特有的"关系"文化背景和电子商务与电子政务目标之间的差异。

本章另一个重要的发现，是线上服务质量和线下服务均对代理商满意度的形成具有重要的影响作用，其中，线下服务质量的影响作用大于线上服务质量。现有研究表明，提升服务质量是增强用户满意度的重要方法（To et al.，2013）。然而，已有的研究很少同时考虑线上服务质量和线下服务质量对满意度的影响作用（Teo et al.，2008）。本章把服务质量细分为线上服务质量和线下服务质量，并通过实证研究发现线上服务质量和线下服务质量都对系统满意度具有正向影响作用。同时，我们的研究还显示，与线上服务质量相比，线下服务质量的影响作用更为显著。

　　本章另一个比较有意思的发现是，系统满意度和代理商满意度对政府满意度的形成具有重要的影响作用，但代理商满意度的影响作用更为显著。在公共服务外包中，现有研究忽视了代理商满意度对政府满意度形成的影响作用。与以往研究不同，本章将代理商满意度作为政府满意度的一个重要影响因素，实证结果发现，系统满意度和代理商满意度是形成政府满意度的重要影响因素，并且发现代理商满意度对政府满意度的形成具有非常显著的影响作用。

9.6　研　究　意　义

　　本章的理论贡献在于以下四个方面。（1）本章一个重要的理论贡献在于：电子政务满意度区分为电子政务系统满意度、代理商满意度和政府满意度三个维度，并具体揭示了三个维度之间的关系。（2）本章的另一个重要贡献是，把社会公平引入满意度的影响因素模型中，进一步丰富了电子政务满意度影响因素的研究内容。（3）本章的第三个理论贡献在于，把服务质量区分为线上服务质量和线下服务质量，并同时研究其对电子政务满意度的影响作用。（4）本章的第四个理论贡献是，构建了影响政府满意度的因素模型，并揭示了政府满意度的形成机制。

　　本章对政府提升公共服务满意度有重要的现实意义，具体表现在以下三个方面：（1）本章的实证结果表明，在公共服务外包中，政府满意度的形成是通过对代理商和电子政务系统的满意度实现。这给政府带来的启示是，政府需要构建一个激励相容的机制，使代理商能够按照政府的意愿和设想工作。同时，由于系统满意度和代理商满意度对政府满意度具有中介作用，当企业缺乏正当的信息传递渠道或对政府接受信息的渠道不信任时，政府有必要基于委托代理理论建立一个双方都能接受的中间组织来协调双方的利益或通过推广信息系统来建立双方之间的关联，通过中间组织能加强企业对政府的满意度。

（2）为政府向社会机构购买公共服务，以及打造透明政府提供了参考和借鉴。公共服务供给不足，是当前中国经济社会运行中的突出问题。目前，政府正在积极鼓励和支持将适合市场化方式提供的公共服务事项，交由具备条件、信誉良好的社会组织、机构和企业等承担。金税工程作为国家建设时期最长、最为成熟的电子政务工程，自建设之初就采用了服务外包的模式，而且从实践效果来看，取得了良好的经济效益和社会效益。本章对金税工程的发展历程进行了系统的整理，并基于金税工程的实践，构建了政府满意度的影响因素模型，并揭示了公共服务外包中政府满意度的形成机制。研究结果表明，公共服务外包对增加社会公平、提升公共服务质量和政府满意度具有重要意义，这些都为政府今后将公共服务进行外包提供了经验和参考。

（3）对公共服务代理商的意义。一方面，服务代理商需要同时为用户提供线上服务和线下服务，在注重线下服务质量提升的同时，也应该注重提高线上服务质量；另一方面，尽管线下服务质量的作用更强，但由于线上服务能够有效地节约服务成本，这就要求代理商在今后为用户提供公共服务的过程中要注重提升线上服务质量，培养用户使用线上服务的习惯。

9.7　结　　语

基于社会交换理论构建了政府满意度的形成机制模型，并利用从企业收集的408份有效样本数据，使用 *Smart - PLS* 对模型中的路径关系进行了验证。本章的结果表明：企业获得越高的线上服务质量和线下服务质量就越有利于增强其对代理商的满意度，从而提高其对政府的满意度；企业感知到的程序公平和人际公平越高，就越有利于提高其对系统的满意度，进而增强其对政府的满意度；进一步分析后发现，代理商满意度对政府满意度的影响作用显著强于系统满意度的影响作用；但企业对分配公平的感知，对系统满意度不具有影响作用。本章的结果为政府通过发展电子政务，以及向社会机构购买公共服务来提升政府满意度提供了理论基础和实践指导。与其他研究类似，本章也存在一定的局限。本章的样本主要是基于电子税务的数据，在今后的研究中，有必要增加中国其他电子政务的典型案例，如，金盾工程、金保工程等，以进一步验证模型的有效性。

参 考 文 献

［1］陈明亮，马庆国，田来．电子政务客户服务成熟度与公民信任的关系研究．管理世界，2009（2）：58 - 66.

［2］丁煌，杨显宇．基于我国电子政务发展层次的满意度模型——来自企业（G2B）的数据．广东行政学院学报，2013（1）：18 - 22.

［3］刘波，崔鹏鹏，赵云云．公共服务外包决策的影响因素研究．公共管理学报，2010（2）：46 - 53.

［4］吕炜，王伟同．发展失衡、公共服务与政府责任——基于政府偏好和政府效率视角的分析．中国社会科学，2008（4）：52 - 65.

［5］谢新水．论公共信任及公共信任问题．首都师范大学学报（社会科学版），2012（6）：54 - 61.

［6］杨燕绥，李海明．公共服务外包的治理机制研究——医疗保险外包的中美案例比较．中国行政管理，2013（9）：114 - 118.

［7］Akter S. ，D. 'Ambra J. ，Ray P. . 2013. Development and Validation of an Instrument to measure user perceived service quality of m-health. Information & Management, 50 (4): 181 – 195.

[8] Ancarani A. 2005. Towards quality e-service in the public sector: the evolution of web sites in the local public service sector. Managing Service Quality, 15 (1): 6 – 23.

[9] Au. N. , Ngai W. T. , Cheng T. C. 2008. Extending the understanding of end user information systems satisfaction: an equitable needs fulfillment model approach. MIS Quarterly, 32 (1): 43 – 66.

[10] Caceres R. C. , Paparoidamis N. G. 2007. Service quality, relationship satisfaction, trust, commitment and business-to-business loyalty. European Journal of Marketing, 41 (4): 836 – 867.

[11] Chan F. , Thong J. Y. , Venkatesh V. . 2010. Modeling citizen satisfaction with mandatory adoption of an e-government technology. Journal of the Association for Information Systems, 11 (10): 519 – 549.

[12] Chin W. W. , Marcolin B. L. , Newsted P. R. 2003. A partial least squares latent variable modeling approach for measuring interaction effects: results from a monte carlo simulation study and an electronic mail emotion/adoption study. Information Systems Research, 14 (2): 189 – 217.

[13] Colquitt J. A. , Rodell J. B. 2011. Justice, trust, and trustworthiness: a longitudinal analysis integrating three theoretical perspectives. Academy of Management Journal, 54 (6): 1183 – 1206

[14] Fan J. , Zhang. P. , Yen D. C. 2014. G2G information sharing among government agencies. Information & Management, 51 (1): 120 – 128.

[15] Grimsley M. , Meehan A. 2007. E-government information systems: evaluation-led design for public value and client trust. European Journal of Information Systems, 16 (2): 134 – 148.

[16] Liang H. G. , Saraf N. , Hu Q. , Xue Y. J. 2007. Assimilation of enterprise systems: the effect of institutional pressures and the mediating role of top management. MIS Quarterly, 3 (1): 1 – 30.

[17] Sun Y. , Fang Y. , Lim K. H. 2012. User satisfaction with information technology service delivery: a social capital perspective. Information Systems Research, 23 (4): 1195 – 1211.

[18] Tan C. W. , Benbasat I. , Cenfetelli R. . 2013. IT-mediated customer

service content and delivery in electronic governments: an empirical investigation of the antecedents of service quality. MIS Quarterly, 37 (1): 77 – 109.

[19] Teo T. S. H. , Srivastava S. C. , Li J. 2008. Trust and electronic government success: an empirical study. Journal of Management Information Systems, 25 (3): 99 – 131.

[20] To W. M. , Tam, J. F. Y. , Cheung M. F. Y. 2013. Explore how Chinese consumers evaluate retail service quality and satisfaction. Service Business, 7 (1): 121 – 142.

[21] Turel O. , Yuan Y. F. , Connelly C. E. 2008. In justice we trust: predicting user acceptance of e-customer services. Journal of Management Information Systems, 24 (4): 123 – 151.

[22] Welch E. W. , Hinnant C. C. , Moon M. J. 2005. Linking citizen satisfaction with e-government and trust in government. Journal of Public Administration Research and Theory, 15 (3): 371 – 391.

[23] Xue Y. , Liang H. , Wu L. 2011. Punishment, justice, and compliance in mandatory IT settings. Information Systems Research, 22 (2): 400 – 414.

第 *10* 章

基于电子税务的公共信任及其形成机制

赢得公共信任是政府社会目标中的核心内容，也是政府存在和运作的基础（Grimsley et al.，2008）。良好的公共信任能够降低政府交易行为的成本和风险，为政府的合法性和持续运转提供基础和保障。雷姆等（Lim et al.，2012）认为，在虚拟环境下，政府的公共服务主要是通过电子交易来实现，在为公民和企业提供便捷服务的同时，也会因交易风险的放大和政府商业伦理与社会责任边界的模糊而导致公共信任的降低。因此，政府在大力发展政务信息化的过程中，无一例外地把提升公共信任作为其优先考虑的重要目标之一（Parent et al.，2005）。研究表明，从提升信任的角度出发，商业领域的信任可以看作一个多维度的概念，它可以进一步细分为基于计算的信任、基于结构保障的制度信任、基于情景保障的制度信任、基于知识的认知信任（Gefen et al.，2003）。然而，现有针对公共信任的研究较多地从公民的角度出发，将公共信任等同于政府信任（蔡晶晶等，2005），并认为其是单一维度的概念（Grimsley et al.，2007）；或是基于西方的文化背景，从信任本身的角度出发将其进一步细分为基于计算的信任、基于能力的信任、基于预测的信任、基于转移的信任和基于意向的信任（Lim et al.，2011）。

从中国知网的搜索结果来看，很少有研究基于组织层次的视角从信任主体和客体的角度来研究公共信任的内涵及其构建，特别是在移动背景下结合中国文化的研究还是空白。随着移动技术和移动终端的应用和普及，政府越来越多的公共服务将会借助移动政务来实现，因而有必要在移动环境下探讨公共信任的概念及其构建机制。一般认为，移动政务是对传统电子政务的延伸，是政府利用各种移动设备和无线网络为电子政务中的参与者提供便捷的信息和服务，使公民、企业或者其他组织在任何时间和地点管理自身事务或接受信息和服务（Lee et al.，2006）。那么，政府如何利用移动技术来加强移动政务的推广，在不断地提升公共服务质量的同时构建公共信任，便是一个迫切需要解决的问题。为此，本章将结合中国政府—企业移动政务发展的实践，首先，通过对移动政务参与方的分析来弄清公共信任的主体和客体，在此基础上阐述公共信任概念、维度及其特征。其次，基于信任转移的理论建立公共信任构建机制的理论模型，并通过实证的方式来验证模型的合理性。最后，根据实证研究结果，提出公共信任的构建及提升路径。

10.1 文献综述与理论发展

10.1.1 移动政务的内涵及特征

随着无线网络技术和移动设备的迅速发展，21世纪被称为移动计算、移动商务和移动政务的时代，政府为适应新技术的发展趋势也在努力通过多种渠道为企业和公民提供信息服务（董新宇等，2004）。目前，移动政务的研究和应用还处于起步阶段，针对移动政务的定义也没有形成统一的认识。从现有的研究可以发现，移动政务的定义主要存在两种观点：要么是把移动政务看作电子政务的延伸，要么是作为一种新的技术手段为公众提供服务。但无论哪一种界定，尚未深入认识移动政务所具有的典型技术特征（如，移动性、位置性）以及为用户提供服务的典型特性（如，个性化的服务）。

移动政务作为政府为公民和企业提供信息和服务的手段，其主要构成包含4部分：（1）移动便携装置，如，手机、PDA、笔记本电脑、便笺式个人电脑（tables PC）、黑莓手机、无线网络技术以及那些能将用户从台式电脑的物理连接束缚中解放出来的设备；（2）无线网络技术；（3）移动中间件，连接无线网络和移动设备以实现移动政务应用的软件（如，手机操作系统）；（4）移动服务，政府为利益相关者提供的移动服务，利益相关者包含公民、企业或其他组织。据此，本章中的移动政务是指，政府利用各种移动便携装置，并通过无线网络技术和移动中间件为参与政府事务中的利益相关者提供便捷的信息和服务的一种活动（王长林等，2011）。从本质上讲，移动政务实际上是政府运用移动政务系统为企业、公民或其他组织提供信息和服务的一种活动。从服务对象来看，移动政务包括四种类型：政府间的移动政务（G2G）；政府对企业的移动政务（G2B）；政府对公民的移动政务（G2C）以及政府对雇员的移动政务（G2E）。

与G2C、G2G和G2E的电子政务相比，基于G2B的电子政务在中国发展得最为迅速和成熟。在中国的所有电子政务中，电子税务发展得最为成熟和完善，而且使用群体也最为广泛，如，"十二金"工程中的"金税工程"，国家强制要求增值税一般纳税人企业使用增值税防伪税控系统。可以说，电子税务已被看作中国电子政务发展过程中的一个缩影和典型代表。在G2B的电子政务的基础上，G2B的移动政务已逐渐兴起，本章正是在这一背景下，将研究聚焦在G2B的移动政务环境下公共信任的构建。

10.1.2 公共信任的内涵和维度特征

（1）公共信任的研究现状

政务领域中的信任一般是指公共信任，通过对现有的研究文献进行分析发现，目前针对信任的对象不外乎两类：对人的信任（如，政务系统供应商和政府人员）和对物的信任（如，政府网站和政务系统），但从目前的研究文献可以看出，公共信任还主要是公众对政府的信任，针对 G2B 政务环境下公共信任的研究还比较少。尽管赢得公众的信任一直是政府追求的目标，也是政府赖以存在的前提，但学术界对于 G2B 环境下何谓公共信任莫衷一是。散落在文献中对公共信任概念的认识，大致有以下三种观点。第一种观点是，公共信任就是政治信任，如，缇米等（Trimi *et al.*，2008）将公共信任分为对政党和政治组织的信任。第二种观点是，在信任维度上对公共信任划分为基于制度的信任（institution-based trust）和基于程序的信任（process based trust）（陈佳鞠等，2012；孙凡义，2009）。如，雷姆等（Lim *et al.*）从公共信任多维度的视角，研究了新加坡提升公共信任的路径及战略：基于计算的信任（对行为的成本和收益进行评估）、基于预测的信任（根据先前的行为推测）、基于意向的信任（对是否利他和仁慈动机的评估）、基于能力的信任（能否有能力实现的承诺）和基于转移的信任（能否将资源进行转移）（Thomas，1998）。第三种观点是，基于信任的对象把公共信任区分为对政府的信任和对技术的信任。

从以上的研究来看，这些研究主要停留在个体层次的研究视角，还没有从组织层次上对 G2B 环境下公共信任概念及其特征进行剖析。由于 G2B 的移动政务一般会涉及政府、代理商和企业，但基于个体层次的移动政务则主要涉及个人和政府，导致在组织层次背景下公共信任的主体和客体与个体层次存在一定的差异。为弄清 G2B 背景下公共信任的内涵及其特征，有必要先弄清移动政务的主要参与方，进而从移动政务参与方的角度来分析公共信任的主体和客体。

（2）公共信任的主体和客体

一个完整的 G2B 移动政务服务系统主要包含两部分，移动政务的主体和客体。移动政务服务系统的主体是指，参与移动政务活动的利益相关者，其中，典型的参与者主要有三个：政府、企业和代理商。移动政务的客体是指，移动政务系统，它的主要作用是为用户提供信息和服务。G2B 移动政务中涉及的参与主体，如图 10－1所示。

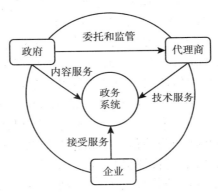

图 10－1　移动政务的主要参与方

从中国移动政务的发展实践来看，政府是移动政务的推广方，政府一般将移动政务系统及服务外包给特定的代理商，通过授权代理商开发系统，并为企业提供服务，它是移动政务服务的主要供给者，所有的政务活动基本上都是在政府的主导下展开。企业是指移动政务系统的使用方，也是移动政务服务系统中的服务接受方，它们利用移动政务系统来处理与政府相关的日常事务。

代理商又称系统服务商，其主要职责是开发和设计移动政务系统，并为企业提供后续的技术支持和服务。代理商一般是在政府的授权下，根据政府的要求和企业的需求开发出符合要求的软件供企业使用，并提供相应的技术支持和服务，同时接受政府的监督。代理商在移动政务的服务过程中扮演着中介和桥梁的作用，它既为企业提供软件，也为企业提供后续支持和服务，同时还负责将企业的意见和建议反馈给政府。

　　由于移动政务涉及移动政务系统，政府、代理商以及企业、相应的企业层次的公共信任的客体，也呈现出多维度的特征。在 G2B 的移动政务中，企业是公共信任的主体；政府、企业和代理商，则是公共信任的客体。企业使用移动政务系统以及享受相应的服务后，首先会对移动政务系统作出评价，与此同时，也会对提供移动政务系统和技术服务的代理商以及推广移动政务服务的政府作出相应的评价。杨（Yang，2006）的研究表明，提升公共信任是政府大力发展电子政务的重要目标之一。如果从政府大力发展移动政务的最终目标来看待企业使用系统的反馈作用，那么，这个反馈作用可以看作企业对各参与方（移动政务系统、代理商和政府）的信任。也就是说，在 G2B 的移动政务环境下，公共信任已不再是单一维度的概念，它是以企业为主体，企业对政府、代理商和移动政务系统信任为一体的多维度的概念。具体的公共信任的主体与客体，如图 10 - 2 所示。

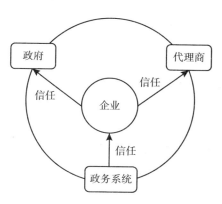

图 10 - 2　公共信任的主体与客体

（3）公共信任的维度及其特征

结合 G2B 政务发展的具体实践，无论是电子政务还是移动政务，政府一般都是将服务、运营与维护都由第三方（代理商）负责，代理商在其中都扮演着非常重要的角色。如，国家金税工程中的增值税防伪税控系统就是典型的案例，也正是由于政府在推广政务信息化的过程中积极引入代理商的制度，使得 G2B 的国税系统的税务信息化在中国发展得极为迅速和完善，俨然成了中国政府信息化的样板工程。一个反例，也可以佐证代理商的重要作用。如，同样是税务系统的信息化建设，但是地税系统的税务信息化主要是由税务局自身来建设和维护，尽管其采取免费的模式，但实际上推进效果并不理想。与国税系统的税务信息化相比，地税税务信息系统不仅用户量较小，而且服务质量也不是十分理想，整体的信息化水平较为落后。

然而，布朗格和海特（BéLanger, Hiller, 2006）认为，在传统政务中，公共信任通常被认为是单一维度的概念，并且特指政府信任。随着信息技术的发展，谭等（Tan et al., 2008）在电子政务的研究过程中，将公共信任区分为个体对技术系统的信任和对政府的信任。该章将公共信任从单一维度拓展到两个维度，无疑加深了人们对公共信任的认知，但也存在一定不足。如，这些研究主要是基于个体层次展开，而且忽视了对技术信任和政府信任之间关系的研究。更为关键的是，忽视了一个重要的信任维度，对代理商的信任（代理商信任）。研究表明，代理商在推广电子商务的过程中，扮演着重要的桥梁作用。用户对代理商的信任有利于其对系统的信任，最终影响用户的使用意愿（Belanche et al., 2014）。因而，代理商信任也是一个重要的信任维度。在政务信息化建设的浪潮中，忽视代理商信任及其地位，不仅不利于政务信息化的推广，而且可能影响政府公共信任的构建。

于是，本章认为在 G2B 的移动政务背景下，公共信任是指，移动政务服务中的企业对移动政务系统、服务代理商以及政府的信任，见图 10-3。之所以将代理商信任纳入其中，主要是因为在移动政务服务中，代理商尽管不是政府机构，但它事实上是在帮助政府实施移动政务的推广和服务，可以看成政府名义上的代言人。而且，在具体实践中，代理商一般都接受政府的监管和监督，严格按照政府的要求为企业提供服务，即使是收费也必须严格按照政府制定的价格进行，并且相当一部分产品和服务免费提供给企业使用。在某种意义上讲，服务代理商实际上并没有自主经营的权利，它可以看作与政府共同为企业提供政务。另外，移动政务系统在为企业提供的内容服务也是由政府直接提供，并且移动政务系统也是根据政府的要求来设计和开发的。所以，我们可以把代理商和移动政务系统也看作政府的一部分，作为 G2B 移动政务背景下的公共信任的客体。

在公共信任中加入代理商信任后，从理论上看，有利于将以往研究中的信任链条由"技术信任—政府信任"拓展到"代理商信任—技术信任—政府信任"，使得 G2B 环境下的公共信任的链条更加符合信任转移机制的逻辑。从实践上看，在公共信任中引入代理商信任和系统信任更符合中国移动政务的发展实践，因为在中国政务发展过程中，G2B 的模式一直处于主导地位。并且，由于本章是研究在移动政务环境下如何具体构建公共信任，将公共信任进一步细分为对技术系统的信任，对服务代理商的信任和对政府的信任，有利于弄清三个信任之间的逻辑关系，有利于后续研究进一步弄清影响公共信任的具体因素。

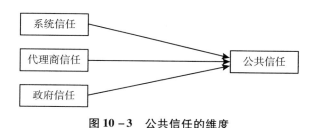

图 10 - 3　公共信任的维度

10.2　理论模型的构建

信任转移机制是信任研究中一个非常重要的理论，它是指信任从一个可信的实体转向另一个未知的实体，反映了人们认知过程的变化。不同信任之间是相互联系的，弄清不同信任之间的关系是构建改革信任的基础（Turel et al，2008）。已有研究表明，在移动政务中，根据信任对象的不同，公共信任可以分为三种类型：系统信任、代理商信任和政府信任（谢新水，2012）。不同信任之间具有密切联系，系统信任是指，企业对移动政务系统的可靠性和安全性的感知程度。代理商信任是指，企业对移动政务服务代理商的能力、善意和诚实的感知程度。政府信任是指，企业对政府的能力、善意和诚实的感知程度。

在移动政务环境中，企业主要的接触对象是移动政务代理商，根据信任转移机制，对代理商的信任可以作为企业对代理商提供的移动政务系统服务信任的基础，企业对代理商的信任，有利于企业对移动政务系统的信任。这种观点在相关的电子商务领域的研究已经得到了证明。如，买家对卖家的信任，有利于买家对其销售产品的信任。再比如，我们去淘宝购物会选择信誉级别较高的商户，类似的结论在已有的研究中也得到了验证（Wang，2014）。

由此得出假设 H1：代理商信任对系统信任具有正相关作用。

在移动政务中，企业享受服务的具体服务内容和信息实际上是由政府提供，只不过借由代理商的移动政务平台来实现。一般情况下，企业并不同政府直接打交道，它是通过移动政务平台和移动政务服务代理商实现业务的处理。根据信任转移理论，企业对代理商的信任将形成其对政府信任的基础，因为在 G2B 的移动政务环境下，企业与代理商接触的机会要远大于与政府接触的机会，企业对代理商的信任有利于增强其对政府的信任，并且相应的结论在传统政务与商务中已经得到了验证（Fang et al.，2014）。

由此得出假设 H2：代理商信任对政府信任具有正相关作用。

同理，企业对移动政务系统的信任，也有利于其增强对政府的信任。因为企业是通过使用移动政务系统来处理与政府相关的业务，当移动政务系统能提供给企业符合他们预期的服务时，企业就倾向于对移动政务系统产生信任感。基于信任传递理论，企业的这种信任感会传递到其对政府的信任。可以说，移动政务系统对政府威信的建立具有重要的影响作用（张维迎等，2002）。

由此得出假设 H3：系统信任对政府信任具有正相关作用。

在以往的电子商务的研究中，代理商信任对用户的使用意愿具有中介作用（Horsburgh et al.，2011）。结合中国的移动政务发展实践，政府一般是通过授权代理商给企业提供具体的技术服务和支持，并且政府与代理商的关系比较稳定。例如，负责河南金税工程的代理商从 20 世纪 90 年代至今一直受税务局委托向企业提供服务。由于代理商在长期与企业打交道的过程中已经与企业形成了良好的关系，因此，代理商在推广产品时容易被企业接受。基于信任转移的理论，企业对代理商的信任可以增强其对移动政务系统的信任，进而增强其对政府的信任。

由此得出假设 H4：系统信任对代理商信任与政府信任具有中介作用。具体模型如图 10 - 4 所示。

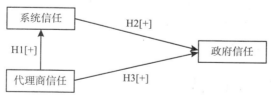

图 10 - 4　公共信任维度之间的关系模型

10.3 研究设计

10.3.1 问卷设计

研究中的样本数据收集是采用企业培训的方式进行，通过对企业进行培训和邀请企业体验使用移动掌上纳税大厅，然后根据体验的情况进行问卷的填写，具体的流程分为两个步骤：一是对模型中关键的概念设计问卷并进行测度；二是采用企业培训的方法收集研究所需的数据。

为保证模型中各变量的信度和效度，研究中各个变量测度的量表主要来源于已有文献。考虑到中国的实际背景，作者对量表中的语句的表述进行了必要的修改。量表采用李克特 7 级结构，各个问题中的数字从 1 ~ 7，请参加调查的企业根据自身的使用情况进行打分，分值分别反映了企业对该问题的态度从强烈不同意（1）到强烈同意（7）的变化过程。具体来讲，系统信任（TM）是指，企业相信使用移动政务可以帮助其完成预期的任务。代理商信任（TA）是指，企业相信代理商能够帮助他们解决在使用移动政务过程中遇到的困难。政府信任（TG）是指，企业相信政府为了他们的利益而履行了其应该履行的义务。以上三个变量均是参考泰奥等（Teo et al.，2008）和毕兰彻等（Belanche et al.，2014）的问卷设计，形成了最终的测度量表。

10.3.2 数据收集

本章采用对企业开展培训的方式来收集数据，之所以采用培训的方法，主要是基于采用集中培训的方式收集问卷具有快速、便捷、成本低廉的优点，因而这种方法在信息系统研究领域得到了广泛采用（Tan et al.，2008）。整个培训环节主要按照三个步骤进行：
（1）先对企业进行培训，然后采取自愿的原则填写问卷，企业如果
愿意填写问卷我们将赠送他们一些小礼品。由作者给用户讲解系统
的使用方法，为让企业对系统深入了解，作者在讲解过程中采用了
很多类比，如，手机与固定电话相比有何优点？掌上办税大厅与目
前正在使用的电子办税系统相比有何不同？等等；（2）讲解完成
后，企业的相关人员可以自由提问，对不理解的问题进行咨询，同
作者一起参加讲解的还有该公司的培训部讲师以及技术研发中心负
责该项目的技术负责人；（3）预先在系统中导入的一部分数据，企
业可以登录系统进行实际操作。三个步骤下来大约需要花费 2 小时时
间。通过以上环节，我们开始对参加培训的人员发放问卷，并对问卷
的填写方法作了详细的介绍和说明，确保问卷填写的质量符合要求。

　　本次问卷发放分为两个环节：（1）预调研发放问卷 60 份；
（2）正式调研耗时 2 个月，共发放问卷 480 份，其中，收回有效问卷
362 份，有效率为 75%。另外 118 份问卷存在的主要问题有，其中，无
效问卷（有效数据低于 2/3；关键信息的缺失，如因变量值的缺失；整
个问卷填写的数据完全相同，如，都选 7；空白问卷）。为保证问卷的
有效性，作者对回收的有效问卷和无效问卷从企业的性质、年销售额
和所属行业进行了方差检验，其结果并未呈现出明显的差异；又对有
效问卷中问卷填写人的年龄、教育水平和手机上网年限（网龄）进行
了方差检验，也未呈现出明显的差异，说明本次收集的问卷具有较好
的代表性。

10.4　数据分析与结果讨论

10.4.1　模型验证

从表 10 - 1 可以看出，因子的平均抽取方差（AVE）值在 0.5

以上，复合信度（CR）在 0.7 以上，CR 值也都大于 0.7。另外，各变量的因子载荷也都大于 0.8，说明各个变量具有较好的信度和效度（Tan et al.，2009；Liang et al.，2007）。具体情况，如表 10 - 1 所示。

表 10 - 1　　　　　　　　　　　测量模型评估

Variables	Mean	SD	Item loading	AVE (>0.50)	CR (>0.70)	Cranach's α(>0.70)	系统信任	代理商信任	政府信任
代理商信任	4.34	1.03	0.90/0.91/0.93	0.84	0.94	0.91	0.92		
系统信任	4.07	1.12	0.87/0.91/0.92	0.82	0.93	0.89	0.57	0.91	
政府信任	5.02	1.18	0.92/0.94/0.92	0.86	0.95	0.92	0.65	0.53	0.93

第一步，构造代理商信任分别与系统信任和政府信任之间的关系模型，如图 10 - 5 所示。通过验证发现，代理商信任与系统信任（$b = 0.659$，$p < 0.05$）和政府信任（$b = 0.603$，$p < 0.05$）之间具有相关关系是其具有中介作用的前提条件，从而验证了假设 1 和假设 2 成立。

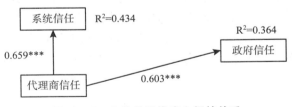

图 10 - 5　公共信任维度之间的关系

第二步，为进一步验证系统信任的中介作用，控制系统信任变量后，形成如图 10 - 6 的模型。通过验证发现，代理商信任对系统信任（$b = 0.657$，$p < 0.05$）具有显著影响作用，从而验证了假设 3。由于代理商信任（$b = 0.229$，$p < 0.05$）和系统信任（$b =$

0.569，$p < 0.05$）同时对政府信任也具有显著影响作月，就验证了
系统信任对代理商信任与政府信任的部分中介作用，从而验证了假
设 4。

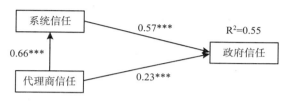

图 10 - 6　系统信任对代理商信任与政府信任的中介作用

表 10 - 2 显示了图 10 - 5 和图 10 - 6 中的模型总体评估，从表
10 - 2 中可以看出，模型中的 4 个假设都得到验证。

表 10 - 2　　　　　　　　　　　模型评估

图 10 - 5 的模型检验				图 10 - 6 的模型检验			
假设内容	路径系数	p - 值	结果	假设内容	路径系数	p - 值	结果
TA - > TM	0.66	$p < 0.001$	支持	TA - > TM	0.66	$p < 0.001$	支持
TA - > TG	0.60	$p < 0.001$	支持	TA - > TG	0.23	$p < 0.001$	支持
				TM - > TG	0.57	$p < 0.001$	支持

10.4.2　结果分析

代理商信任对系统信任具有显著的正向作用，该假设在模型中
得到了验证。根据信任传递理论，当企业对代理商具有较强的信任
感时，企业也会信任该代理商提供的产品，这与营销学中的口碑极
为相似。当社会认为企业具有良好的声誉、社会形象和较强的社会
责任感时，有利于提高社会对其产品的认同度。因此，企业能否使
用代理商提供的移动政务系统，取决于系统是否满足了企业的实际
需求，以及企业是否具有良好的声誉。可见，代理商在推广移动政

务过程中具有重要的桥梁作用。根据信任传递的原理，同样可以得出系统信任对政府信任具有显著的正向作用和代理商信任对政府信任具有显著的正向影响作用。另外，通过模型中的路径系数可以看出，系统信任对政府信任的影响作用强于代理商信任对政府信任的影响。最后，通过模型的验证结果可以得出，系统信任对代理商信任和政府信任具有部分中介作用。由此可以看出，政府在通过推广移动政务构建公共信任的过程中，必须重视移动政务系统的中介作用，质量可靠、满足企业需求的移动政务系统有利于增强代理商对政府的信任，进而增加企业对政府的信任。

由此可见，公共信任中的三个维度之间是相互联系的，政府信任的获取是通过企业对代理商和系统的信任后，进而建立起企业对政府的信任，说明 G2B 移动政务中政府信任的构建并不是一个直接的过程，代理商及移动政务系统在政府公共信任建立过程中起到桥梁作用。这就要求政府在大力引入专业的代理商并鼓励它们开发出满足企业需求的系统同时，避免由于代理商的不当行为及其产品质量的原因给政府形象造成的损害，政府也需要加强对代理商的监管，使代理商更好地发挥其在推广移动政务和提高政府形象过程中的作用。具体到政府、代理商和企业，可以通过以下途径来实现公共信任的构建。

第一，对政府而言，政府信任的获取并不是直接从企业获得，是通过对代理商和移动政务系统的信任来实现的，这就需要政府构建一个激励相容的机制，使代理商能够按照政府的意愿和设想工作。同时，由于系统信任和代理商信任对政府信任具有中介作用，给政府带来的启示是，当企业缺乏正当的信息传递渠道或对政府接受信息的渠道不信任时，政府有必要基于委托代理理论建立一个双方都能接受的中间组织来协调双方的利益或通过推广信息系统来建立双方之间的关联，通过中间组织能加强企业对政府的信任。

第二，对代理商而言，企业对其代理商的信任可以增强企业对代理商产品的信任。代理商信任的建立，可以通过提升自身形象，提高服务质量，向企业提供质量可靠的服务系统和优质、规范的服务来实现。

第三，对企业而言，企业可以发挥自身的监督作月，通过向代理商传递其自身的业务需求，让政府及时了解企业实际需求．企业也可以通过对代理商的监督来提高代理商的服务质量，从而使企业在使用移动政务过程中获得更多的价值。

10.5　结　　论

提升公共信任，是政府大力发展信息系统的重要目标，然而，目前在 G2B 移动政务背景下政府如何构建公共信任的问题还缺乏深入细致的研究。为此，本章基于构建一个移动政务价值对公共信任影响的理论模型，并通过样本数据验证了模型的合理性。其主要的理论贡献体现在：

（1）提出公共信任是一个包含系统信任、代理商信任和政府信任的概念，特别是将代理商信任加入其中，克服了以往研究中忽视了代理商信任以及未能将公共信任看作多维度概念的不足。

（2）从实证的角度验证了不同维度公共信任之间的关系，代理商信任对系统信任具有正向影响作用，代理商信任和系统信任对政府信任具有正向影响作用，从而将信任链条由"系统信任—政府信任"拓展到了"代理商信任—系统信任—政府信任"，更符合中国 G2B 政务发展的实践。

（3）揭示了 G2B 移动政务中政府信任的构建机制：通过影响代理商信任进而影响其对系统的信任，最终增强其对政府的信任，为政府提升移动政务价值和构建公共信任提供了理论基础。

参 考 文 献

［1］蔡晶晶，李德国．当代西方政府信任危机透析．公共管理学报，

2006, 4 (3): 100 - 106.

[2] 陈佳鞠. 对政治信任相关问题的探索与思考. 东南大学学报（哲学社会科学版），2012 (1): 40 - 44.

[3] 董新宇，苏竣. 电子政务与政府流程再造. 公共管理学报. 2004, 1 (4): 46 - 52.

[4] 王长林，陆振华，冯玉强，方润生. 后采纳阶段移动政务的持续使用——基于任务—技术匹配理论的实证分析. 情报杂志，2011 (10): 189 - 193.

[5] 谢新水. 论公共信任及公共信任问题. 首都师范大学学报（社会科学版），2012 (6): 54 - 61.

[6] 信任、政治信任与政府治理：全球视野下的比较分析. 中国行政管理，2009 (10): 123 - 126.

[7] 张维迎，柯荣住. 信任及其解释：来自中国的跨省调查分析. 经济研究，2002 (10): 59 - 70.

[8] Belanche D., Casaló L. V., Flaviạn C., et al. Trust Transfer In The Continued Usage of Public E-Services. Information & Management, 2014, 51 (6): 627 - 640.

[9] BéLanger F. J., Hiller J. S. A Framework for E-Government: Privacy Implications. Business Process Management Journal, 2006, 12 (1): 48 - 60.

[10] Fang Y., Qureshi I., Sun H., et al. Trust, Satisfaction, and Online Repurchase Intention: The Moderating Role of Perceived Effectiveness of E-Commerce Institutional Mechanisms. MIS Quarterly, 2014, 38 (2): 407 - 427.

[11] Gefen D., Karahanna E., Straub D. Trust and Tam in Online Shopping: An Integrated Model. MIS Quarterly, 2003, 27 (1): 51 - 90.

[12] Grimsley M., Meehan A. E-Government Information Systems: Evaluation - Led Design for Public Value and Client Trust. European Journal of Information Systems, 2007, 16 (2): 134 - 148.

[13] Horsburgh S., Goldfinch S., Gauld R. Is Public Trust in Government Associated With Trust In E-Government? Social Science Computer Review, 2011, 29 (2): 232 - 241.

[14] Lee S. M., Tang X., Trimi S. M-Government, From Rhetoric to Reality: Learning From Leading Countries. International Journal of E-Government, 2006,

3 (2): 113 - 126.

[15] Liang H. , Saraf N. , Hu Q. , et al. Assimilation of Enterprise Systems: The Effect of Institutional Pressures and the Mediating Role of Top Management. MIS Quarterly, 2007: 59 - 87.

[16] Lim E. T. K. , Tan C. W. , Cyr D. , et al. Advancing Public Trust Relationships In Electronic Government: The Singapore E-Filing Journey. Information Systems Research, 2012, 23 (4): 1110 - 1130.

[17] Parent M. , Vandebeek C. , Gemino A. Building Citizen Trust through E-Government. Government Information Quarterly, 2005, 22 (4): 720 - 736.

[18] Tan C. W. , Benbasat I. It-Mediated Customer Services in E - Government: A Citizen's Perspective. Communications of the AIS, 2009, 24 (2): 175 - 198.

[19] Tan C. W. , Benbasat I. , Cenfetelli R. T. Building Citizen Trust Towards E-Government Services: Do High Quality Websites Matter? Hawaii International Conference on System Sciences, Proceedings of the 41st Annual, 2008 (7): 217.

[20] Teo T. S. , Srivastava S. C. , Li J. Trust and Electronic Government Success: An Empirical Study. Journal of Management Information Systems, 2008, 25 (3): 99 - 131.

[21] Thomas C. W. Maintaining and Restoring Public Trust in Government Agencies And Their Employees. Administration and Society, 1998, 30 (2): 166 - 193.

[22] Trimi S. , Sheng H. Emerging Trends In M-Government. Communications of ACM, 2008, 51 (5): 53 - 58.

[23] Turel O. , Yuan Y. F. , Connelly C E. In Justice We Trust: Predicting User Acceptance of E-Customer Services. Journal of Management Information Systems, 2008, 24 (4): 123 - 151.

[24] Wang C. Antecedents and Consequences of Perceived Value in Mobile Government Continuance Use: An Empirical Research in China. Computers in Human Behavior, 2014 (34): 140 - 147.

[25] Yang K. F. Trust and Citizen Involvement Decisions: Trust in Citizens, Trust In Institutions, And Propensity To Trust. Administration & Society, 2006, 38 (5): 573 - 595.

第 *11* 章

制度创新对电子政务实施成功的影响

11.1 引　　言

本章试图分析金税工程实施成功的原因，并用金税工程的案例来研究政府信息化实施成功的机制，其结论对于推广到企业信息化建设也具有现实意义。已有研究关于政府信息化和企业信息化实施成功还主要停留在个人和企业等微观层面，如德隆和马克林模型（1992，2003）；或是基于微观层面的关键成功因素的视角，如，张喆，黄沛和张良（2005）。但迄今为止，从国家或者行业层面分析政府信息化实施成功的研究还很少，而金税工程的成功就是一个典型的以"国家主导建设，企业参与推广"的成功案例，正好为本章从宏观层面探析政府信息化实施成功提供了一个机会。

作为国家电子政务"十二金"工程之一的金税工程（税收管理信息系统），自 1994 年上半年开始试点以来，先后经历了金税一期、金税二期和金税三期建设，现已形成了"功能齐全、协调高效、信息共享、监控严密、安全稳定、保障有力"的、覆盖了全国所有增值税一般纳税人企业的税收管理信息系统，俨然成为中国电子政务建设中的样板工程。金税工程的成功实施，对防止税款流

失、规范税务工作人员执法行为，提高政府和企业的信息化水平等
方面发挥了重要作用。然而，针对这样一个具有开创性的伟大工程
为什么能实施成功，却未能引起现有研究者足够的关注。现有很多
研究针对分税制改革展开，即对分税制的成功及其意义关注得比较
多，但作为分税制重要保障的金税工程却极少关注。本章试图表明的
是，从宏观层面上解释金税工程实施成功是一个制度创新的结果。

　　本章的结构如下：第一部分，引言；第二部分，简要回顾一下
金税工程的发展历程；第三部分，对信息系统成功和制度创新理论
做一个必要的综述，并阐述金税工程实施成功的原因；第四部分，
将进一步运用制度创新的理论，解释金税工程成功的原因；第五部
分指出，金税工程成功实施的经验和启示。

11.2　金税工程的发展历程

　　金税工程，是吸收国际先进经验，运用高科技手段结合中国增
值税管理实际设计的高科技管理系统，实际上就是利用覆盖全国税
务机关的计算机网络对增值税专用发票和企业增值税纳税状况进行
严密监控的一个体系。从本质上讲，金税工程是以税收征管业务为
主体，实现中国税务系统各项管理工作信息化和专业化的信息系统
工程的总称。它是覆盖全面、功能强大、监控有效、全国联网运行
的税收信息管理系统，金税工程将成为中国电子政务工程的核心系
统之一。

　　简而言之，金税工程是一项从中央强制推行，地方密切配合的工
程。金税工程是增值税的生命线，是打击偷骗税的杀手锏，是税务干
部队伍建设的重要基础（许善达，2002）。金税工程的成功推行，促
进了税务管理的改革创新，推动了业务和技术在战略层面的结合，支
持了税收征管专业化和精细化管理，为推动征管改革和加强税源管理
提供了有力的支撑，为税收工作向现代化管理过渡奠定了基础。

11.3　文献综述

11.3.1　信息系统成功

IT项目的高投资和低回报形成的"生产力悖论"，引起了理论界和实践人员对信息系统成功（information systems success）的广泛关注，也一直是信息系统成功研究者重点研究的内容。德隆和马克林（Delone，Mclean，1992；2003）针对信息系统成功的研究具有里程碑的意义，他们先后从系统质量、信息质量、系统使用、用户满意度、个人影响和组织影响六个方面分析了影响信息系统成功的原因，并引起了后续研究者的大量跟进。另外，一些研究者的研究结果显示，高层管理者的参与和支持、信息系统的实施战略，也是影响企业信息系统成功最为关键的因素之一。已有针对信息系统成功的主要研究尚主要停留在企业层面，或重在衡量信息系统实施的成功。至于行业信息化实施成功，特别是政府信息化为什么能够成功实施的研究几乎处于空白。

与企业信息系统失败率极高的案例形成鲜明对比的是，中国的金税工程自试点建设以来，先后经历了三期建设，对堵塞偷逃税漏洞，增加税收收入，改善纳税人满意度方面发挥了重要作用。金税系统不仅有效地杜绝了税收征管者的自我裁量权及其与纳税者之间隐秘的讨价还价，保证了税收来源，而且成为20世纪90年代中后期财政增收的基础。

金税工程的成功实施，一方面，对加强税源管控，提升纳税人服务质量和服务效率具有重要的现实意义；另一方面，对提高纳税公平，促进整个社会的信息化水平具有重要的推动作用，也为中国的社会治理提供了有益的借鉴和参考。然而，针对"金税工程"为什么实施得如此成功，现有的研究还未能作出明确的回答。

11.3.2　理论发展：制度创新理论

（1）制度创新理论

林毅夫基于有限理性的前提，从供给和需求的角度，将制度创新方式划分为政府主导的强制性制度创新和个体及团体主导的诱致性制度创新（林毅夫，1994）。

强制性创新是由政府通过法律或行政命令，自上而下实行的一种制度创新。强制性制度创新的主体是政府，实施的手段是通过强制性手段，其特点可以概括为：强制性、根本性、自上而下推动。

诱致性创新是指，现行制度安排的变更、替代或者是新制度安排的创造是由个人或一群（个）人在响应获利机会时自发倡导、组织和实行的，是一种自下而上的制度创新。诱致性制度创新是否会发生，主要取决于创新者预期收益和预期成本的比较。诱致性制度创新的特点可以概括为：营利性、自发性和渐进性。

两种制度创新既有联系，也有区别，他们之间是一种互补关系。制度创新作为一种公共产品，一般来说，政府提供公共产品比私人提供公共产品更为有效。另外，政府通过强制性创新可以有效地弥补诱致性创新的不足，并降低制度创新成本。两种制度创新的区别在于，诱致性创新作为一种自发性的自下而上的制度创新过程，创新主体主要是依据一致性同意原则和经济原则，其面临的主要问题就是外部性和"搭便车"问题；强制性制度是一种自上而下的制度创新过程，其优势在于能在最短时间和以最快速度进行制度创新，同时凭借自己的强制力等方面的优势，降低制度创新和制度实施的成本；其不足在于，统治者的有限理性、意识形态刚性、官僚政治、集团利益冲突和社会科学知识局限。

（2）激励相容机制

赫维茨（Hurwicz）最早提出了激励相容（incentive compatibility）的概念，其基本内涵是，由于市场经济中的参与者都是理性经济人，因而其行为都有趋利避害的倾向，因而个人行为都会朝着最有利于自己的方向发展。如果每个个体都朝着自利的方向发展，则最终会损害整体的利益，无法实现整体最优。在这种情况下，如果能有一种制度安排，确保个人在追求自身利益的同时，与整体利益的目标相吻合，那么，这种制度安排就是激励相容（Hurwicz，1979）。后来，米勒（Mirrlees）等将激励相容概念应用到委托—代理理论中，从而形成了非对称信息条件下的委托代理理论（Sun，2007）。他们发现，在不确定环境和信息不对称条件下，由于委托人和代理人的目标函数存在偏差，而委托人又难以对代理人进行有效地监督和约束，从而使得代理人容易出现道德风险和逆向选择，也就是著名的代理人问题。为了避免代理人问题，委托人就需要设计一种机制，将委托人与代理人的利益进行有效"捆绑"，从而在实现代理人的效用最大化的同时实现委托人的利益最大化，即实现激励相容。现代经济学的理论与实践都表明，通过激励相容能够有效的解决局部利益与整体利益不一致的矛盾，使行为个体的行为方式和结果符合整体价值的最大化目标。在本章中，激励相容的激励机制，被看作强制性创新向诱致性创新转换的一种激励机制。

11.4 案 例 分 析

11.4.1 强制性创新与金税工程

（1）强制性创新出现的原因

分税制改革的现实需要。1994 年，中国实行了分税制改革，其核心是确立以增值税为主体的流转税制度。但新税制出台后，由于税务机关缺乏对增值税专用发票进行监控的有效手段，一些不法分子趁此机会利用伪造、倒卖、盗窃、虚开增值税专用发票等手段进行偷、逃、骗国家税款的违法犯罪活动，有的还相当猖獗，严重干扰了国家的税收秩序和经济秩序。能否有效地堵住偷逃税的漏洞，已成为事关增值税改革成功的关键。

（2）强制性创新的特征

政府主导建设，高层领导积极推动。1994 年 2 月，国务院召开专题会议，指示要尽快建设以加强增值税管理为主要目标的"金税工程"。会议同意利用人民银行清算中心网络建设交叉稽核系统，同时指出防伪税控系统要先试点、后推行。为组织实施这项工程，国务院成立了国家税控系统建设协调领导小组，下设"金税工程"工作办公室，具体负责组织、协调系统建设工作。

项目制实施，采用服务外包的运作机制。项目制被看作中国政府治理的特色，在金税工程的建设过程中，政府也是采用项目制，通过国家税务总局提出立项建议书，国务院讨论批准，国家发展和改革委员会批复立项，先后经历一期、二期、三期金税工程建设。为了组织实施这项工程，成立了跨部门的国家税控系统建设协调领导小组，下设"金税"工程办公室，具体负责组织、协调系统建设工作。1994 年 3 月底，"金税"工程试点工作正式启动。

（3）强制性创新的作用

有利于提高人们对税务信息化的认识。要想搞好信息化建设，必须对信息化的内涵有足够的认识。信息化是一个基础性的工作，由于中国在工业化过程中处于落后位置，所以信息化建设起步也比较晚。在税收工作中，征纳双方原来是通过纸质载体，由人工操作。这种工作关系、工作格局和工作模式现在要转换到以信息化作为主要手段，不再用纸质作为载体，这是一个非常新的课题。从当前税务系统整体架构来看，对这件事情的认识确实需要一个过程。

从全国来看，对于税收信息化的认识是不平衡的。有些地方的税务局局长认识比较领先，他所领导的税收信息化工作效果也好一些。但也有一些地方的税务局长，对于税收信息化的认识比较肤浅，因此信息化工作推进非常缓慢，效果也相对差一些。就此看来，在开展信息化工作时，对信息化的意义以及信息化发展给税收工作带来的影响等的判断和估计，特别是各级领导同志对此的判断和估计，是信息化工作能否推进的重要因素。

目前，税务系统信息化建设取得了被社会公认的成绩，这也得益于税务系统对信息化的深刻认识。要想把金税工程三期建设好，还是要进行信息化认识上的深化和提高。虽然很多人在"税收工作必须信息化来支撑"这一点上达成了共识，但对于信息化的本质究竟是什么，使用信息化手段后工作会带来什么样的影响和变化等问题的认识五花八门。因此，提高认识是金税工程三期建设中非常重要的事情。办得好，为金税工程三期所投入的资源就能够发挥更高的效率，事半功倍。

为项目制的实施提供了经费保障。1998年初，财政部同意拨资金15.75亿元（包括一期试点工程的1.25亿元）用于金税工程的建设，其中，13.5亿元用于增值税稽核系统的建设，1亿元用于防伪税控系统和税控收款机的推广。"金税工程"二期的国家财政投入为23亿元，再加上各省区市的地区配套投入，二期的投资总额已经超过了60亿元。"金税工程"三期经国务院批准立项，项目总投资约79亿元，建设周期约4年（2006~2009年）。

（4）强制性创新不足及解决办法

强制创新由于是政府主导，因此很容易形成垄断。其结果是影响了项目运作的效率，无形中提高了受众的使用成本。如，目前的增值税防伪税控系统主要由航天信息股份有限公司提供和服务，金税卡每套价格1188元，金税专用JK300型读卡器每台149元，金税专用IC卡（64K）每张79元。年服务费370元（各地可根据情况上浮 10%）。特别是在早期，捆绑销售现象特别普遍，服务公司强买强卖的案例屡禁不止。为了解决这种弊端，顺应国家号召，国家税务总局通过引入新的服务商打破以前一家独大的局面，能有效地降低服务费用，提高服务质量。

11.4.2　诱致性创新与金税工程

（1）服务架构

金税工程，服务方式主要采用委托代理的方式，国家税务总局委托航天信息总公司作为主要服务商，通过设立分总公司，或参股控股，或授权服务的方式，在全国各地建立了一大批省级分公司。

目前，覆盖全国的防伪税控系统服务体系，基本上可以概括为"覆盖范围广、服务单位多、服务成本大、单位性质多样"。具体如下：

①服务体系目前已经覆盖了 31 个省、自治区和直辖市，地市级城市覆盖率达 100%，区县级城市覆盖率达 35%。

②服务体系共由 221 家独立法人公司组成，其中，包括 30 余家省级服务单位，137 家地市级服务单位和 48 家区县级服务单位，共建立 509 个服务网点。

③服务体系现有技术服务人员达 15000 余人，热线电话达 2000 余条，服务用车约 1000 辆，培训教室约 260 个。

④服务体系的服务单位既有航天信息股份有限公司组建的分公司和子公司，也有其他公司联合组建的公司，还有个体私人公司。其中，航天信息股份有限公司参控股服务单位 81 家，授权服务单位 140 家，二者之比约为 1∶1.7。

三级服务模式的优点在于，对各分子公司的服务每年进行评比，可以有效地提高服务质量；由于在各地因地制宜地设立分（子）公司，能有效地减少推广阻力，制定符合本地化特点的服务模式；由于采用三级服务模式，方便总公司对服务单位的监督和管理，能有效地提高服务质量。

（2）服务体系

采用本地化的服务体系，即，省级分公司—市级分公司—县级分公司的三级服务体系。各省区市级服务单位也相应地设有三级服务体系或两级服务体系，提高了服务的响应速度，形成了完善的本地化服务体系。

（3）服务模式

多种服务手段相结合（传统上门服务—电话服务—网络服务：线上服务与线下服务相结合）；既有传统的由当地服务公司的服务人员上门直接解决客户的问题，并定期举办客户联谊活动，倾听客户的建议，有效改善服务，也有电话客服代表提供电话咨询服务（如，河南航天金穗提供 7×24 小时不间断的咨询服务）；同时，还通过网络为企业提供在线咨询服务，并通过网络调查客户满意度，不断改进服务质量。金税工程有效地实现了线上服务和线下服务相结合，最大可能地为客户提供优质服务。

（4）产品模式

以增值税防伪税控软件为基础，在此基础上开发了一系列产品和服务，如，电子政务（电子税务）、公安业务产品、企业信息化产品、基于税务的硬件产品。

金税工程的服务单位——航天信息股份有限公司最早承担的业务是防伪税控服务，但由于防伪税控服务的金税卡、读卡器、IC 卡以及年服务费的定价均需要接受国家发展和改革委员会的指导，也就是说，航天信息基于防伪税控的产品和服务并不以营利为目的，其经营成果可能是微利。但整个服务体系极为庞大，如何调动基层服务单位的积极性，以及弥补服务的巨大成本，便是个不得不解决的难题。为此，以航天信息为主的各个服务单位在产品和服务上积极创新，目前已形成了"以防伪税控为主，多种业务并存的局面"，其业务具体来说存在以下特点。

目前，各服务单位已基本形成了电子政务、企业信息化、金卡业务、电脑等办公设备业务、卫星应用及数字媒体产业的五大业务。

①电子政务。

主要包含金税业务和金盾业务，值得一提的是，基于防伪税控系统的金税业务，金税业务以防伪税控系统为基础形成了多种衍生业务，防伪税控产品——防伪税控延伸产品——税务集成——税控收款机——税控收款机延伸业务。

②金卡业务。

基于金税卡和读卡器延伸而来的金卡业务主要包含，智能卡、电子标签、终端工具、系统解决方案。

③电脑等办公设备。

由于防伪税控系统以及金税卡等要想成功地发挥作用，企业还必须具有基本的硬件设施，如计算机、打印机和扫描仪等，为此，各服务单位在此基础上又延伸出了计算机等办公设备业务。

④企业信息化业务。

各服务单位在长期的服务过程中，与服务对象建立了良好的关系，并且深知各个企业信息化的基本情况及其难点问题。为此，服务单位在充分调研的基础上，拓展出了企业管理软件、企业财务分析软件以及企业系统集成等业务，进一步扩大了业务范围。

⑤卫星应用及数字媒体产业。

航天信息股份有限公司还借助自身的技术优势，拓展了卫星等业务，进一步丰富了产品线。

（5）收费模式

产品或服务的收费模式主要有 3 种：收费模式、免费模式和部分收费模式。其核心思想是基于防伪税控系统的增值服务（如，收费与免费相结合的服务模式），并在服务过程中不断进行服务模式创新，通过不断提供增值服务而收取相关增值服务费。

11.4.3 激励相容机制

金税工程在推进过程中，尽管是由政府主导，但通过服务商的创新，在增值税防伪税控核心产品的基础上，衍生了一系列的产品或服务。这种现象的产生，主要归于激励相容的激励机制。这种激励机制的主要类型有：服务外包、监督机制和激励机制。

（1）服务外包

服务外包主要体现在金税工程初期，国家税务总局把金税工程的服务委托给航天信息总公司，采用了一种市场化的价值运作机制，有效地提高了服务效率和金税工程的推广进程。

（2）监督机制

监督机制的核心做法，是国家各级税务机关对金税工程服务单位进行业务监督和指导；其产品或服务受国家相关宏观部门的监督和指导；航天信息股份有限公司对各级服务进行监督和考核；各分（子）公司对其下级单位和人员进行监督和考核。

①各级税局监督，国家税务总局、各级国家税务局均对服务单位实行监督。

②软件和服务收费受国家发展和改革委员会、各级发展和改革委员会监督和指导。

③航天信息股份有限公司对各服务单位实行监督，有考核评价机制。为保证向一般纳税人用户提供优质、高效、统一的服务，确保增值税防伪税控系统推广过程规范有序，航天信息采取规范的授权服务方式，并制定了严格的、覆盖推广服务全流程且全国统一的

服务规范，制定了统一的服务形象识别系统，建立了严格的服务质量考评制度。通过不断地优胜劣汰，保证了服务体系的健康发展。主要措施包括：服务销售授权协议；服务规范管理；视觉识别系统；服务质量考评；经营规范管理。

服务授权。为保持授权服务单位的服务水平与能力持续达标，航天信息股份有限公司按年对授权单位服务资格进行审核，按年与省级服务单位签订《增值税防伪税控开票系统销售服务授权协议》，省级服务单位与基层服务单位签订协议，并在航天信息股份有限公司备案。通过授权协议的方式，明确了服务单位在增值税防伪数控系统推广过程中应承担的各项义务、须遵守的服务规范与国家政策，并通过协议规定了各类违约责任及处罚条款。

服务质量考评。依据监督管理办法，航天信息股份有限公司每年对服务单位销售和服务情况进行监督管理。每年年初，航天信息股份有限公司制定年度服务质量考评方案，年度内对服务单位进行满意度调查、热线服务抽查、投诉受理、服务过程和结果抽查、库房盘点、技术水平考试、"信心服务"品牌宣传活动等日常、现场检查，年末依据考评方案对本年度各服务单位考评成绩进行汇总排名，成绩优异的进行表彰，考评得分不合格的服务单位将被通报批评并要求限期整改，对整改无效果或发生重大问题的单位，取消其服务单位资格。

④各省级服务单位监督体系。

如，河南航天金穗电子有限公司设有监察中心，网上监督（网上在线评级），制定五不准则：不准对顾客的问题推诿；不准在任何情况下与顾客发生争执，贬低、轻视顾客；不准在顾客处吸烟、吃饭或索要物品接受馈赠；不准乱收费、抬高收费标准；不准强迫顾客对服务结果表示满意。

（3）激励机制

激励机制主要包括两个方面：一方面，是对服务商的激励机制；另一方面，是对纳税人的激励机制。

服务商的利益机制：为服务公司的收入提供了保障，服务商的主要收入来源有以下几部分。

1）金税卡、读卡器和IC卡收费总计1416元；2）年服务费由456元/年降至400元/年；3）新户产品培训费；4）提供延伸业务方面的费用。为方便纳税人，提高服务质量，允许开展延伸业务和增值业务，采用收费和免费相结合的方式。

2）纳税人的激励机制：激励纳税人使用产品，并减轻纳税人的负担。这方面的主要措施有：

第一，两卡一器按照成本价收费，并可以在增值税中抵扣；税收抵扣：自2011年12月1日起，增值税纳税人初次购买增值税税控系统专用设备（如，金税卡、IC卡、读卡器等）。

第二，服务费逐步降低，从原先的456元降到370元（在此基础上，上下10%浮动），支付的费用以及缴纳的技术服务费（不含补缴2011年11月30日以前的技术服务费）可在增值税应纳税额中全额抵减。

第三，培训费免除：从收费400元/次到免费培训。

总之，通过服务外包，在公共服务领域建立市场化的机制，并建立一种激励相容的激励机制，使得金税工程取得了巨大成功。

11.5　结　　语

金税工程的成功实施，直接作用是加强了税源的管控，推动了企业的信息化进程；间接作用在于规范了税务机关的行为，提高了政府和整个社会的信息化水平，让政府、企业和纳税人都从中获益，实现了三方共赢。

本章从制度创新的角度解释了金税工程实施成功的原因在于强制性创新与诱致性创新相结合，并分析了一种从强制性创新向诱致性创新转变的激励相容机制，为中国电子政务的实施提供了一个可供借鉴的模式；对国家信息化的实施也具有一定的借鉴意义。但本章的研究，也存在一些不足之处，主要包括以下几个方面。

（1）实施方式上的制度创新

强制性创新在何种情况下出现；诱致性创新在何种情况下出现；如何实现二者之间的转换：建立二者之间转换的激励相容机制；应该如何克服强制性创新的弊端。这些问题都有待今后进一步研究。

（2）公共服务模式

在推行市场化的过程中，政府和企业应该如何定位。如，政府应提供以市场化为导向的服务；企业在提供基础服务的同时，可通过开展增值服务获利。但长期来看，部分公共服务应由政府赎买相应服务或将服务外包给专业化的公司，然后免费提供企业使用。到底哪些公共服务应由政府提供、采用何种方式，也需要进一步研究。

（3）服务创新和产品

目前，在服务质量提升上，采用线上服务、线下服务相结合，传统服务方式和网上服务方式相结合；上门技术服务和电话技术服务相结合。即开展本地化服务网、培训网、电话网和互联网。未来在移动互联网、云计算、大数据环境下，应该如何进行服务创新和产品创新，也是需要进一步研究的问题。

参 考 文 献

[1] 林毅夫. 关于制度变迁的经济学理论：诱致性变迁与强制性变迁. 上海三联书店，上海人民出版社，1994.

[2] 许善达. 中国税务信息化回顾与展望. 电子政务，2009（10）：26 - 33.

[3] DeLone W. H. , McLean E. R. Information Systems Success: The Quest for the Dependent Variable. Information Systems Research, 1992, 3 (1): 60 - 95.

[4] DeLone W. H. , McLean E. R. The DeLone and McLean Model of Information Systems Success: A Ten-Year Update. Journal of Management Information Systems, 2003, 19 (4): 9 - 30.

[5] Hurwicz L. Outcome Functions Yielding Walrasian and Lindahl Allocations at Nash Equilibrium Points, Review of Economic Studies, 1979, 46 (143): 217 - 225.

[6] Sun Y. , Yannelis N. C. Perfect Competition in Asymmetric Information Economies: Compatibility of Efficiency and Incentives. Journal of Economic Theory, 2007, 134 (1): 175 - 194.

第12章

感知安全和感知有用对用户采纳移动政务的影响

截至 2011 年 6 月，中国无线互联网的用户数量已达 2.77 亿人，比年初增长了 18.6%，其中，有近五千万网民将手机作为他们上网的唯一工具。随着无线网络技术的迅速发展和移动通信设备的广泛应用，政府迫切需要通过多种渠道为企业和公民提供便捷的、个性化的信息服务（Ntaliani et al.，2008；Ngai et al.，2007）。于是，基于无线网络的移动政务（m-government）应运而生。艾诗马塔娃等（Ishmatova et al.，2009）认为，作为电子政务延伸的移动政务是一种应用移动网络技术、服务、软件应用和各种移动终端设备来优化电子政务中各参与方利益的策略。近几年来，针对电子政务采纳的研究比较多，并已取得了丰富的成果（Moon et al.，2005；Bélanger et al.，2008；Lean et al.，2009；Emad et al.，2010）。与传统的电子政务相比，移动政务由于具有移动性（mobility）、便携性（portability）、位置性（location）和个性化（personalization）等特征，使得它突破了时间和空间的限制，被认为是电子政务发展的高级阶段和政府未来行政改革的方向（Trimi et al.，2008；Lee et al.，2006）。目前，尽管移动政务的推广已经达到了一定的规模，但相对于庞大的手机用户群体和无线网民而言，用户对移动政务的应用还比较少（邓朝华等，2009）。因此，有必要对用户使用移动政务的态度及行为进行研究，以便为移动政务的推广和服务提供理论依据和具体策略。

12.1 文 献 综 述

李等（Lee et al.，2005）认为，移动政务与电子政务并非是两个完全独立的概念，电子政务是政府公共管理部门利用互联网技术来改进管理效率和提高服务水平。而移动政务是电子政务的拓展或补充，是在电子政务的基础上充分利用无线网络和移动便携设备能在任何时间和地点管理自身事物或给公民、企业或者其他组织提供信息和服务（Ghyasi et al.，2005；Yoojung et al.，2004；Lee et al.，2006），这里的移动装置包括手机、PDA、笔记本电脑、便笺簿式个人电脑（tables PC）、黑莓手机、无线网络技术以及那些能将用户从台式电脑的物理连接束缚中解放出来的设备。他们的共同点在于，都是政府为改善自身管理和提高服务水平而采用的技术手段，因而在事务类型上存在着一致性，包括政府对公民（G2C），政府对企业（G2B），政府对政府（G2G）和政府对雇员（G2E）4种类型（姚国章等，2006）。

移动政务由于具有诸如便利性、移动性和私密性的特征，正在成为一个重要的、富有吸引力的研究领域，已经引起学者越来越多的关注（Trimi et al.，2008）。通过对现有文献的分析发现，移动政务采纳的研究主要包含基于关键成功因素的案例研究，基于理论背景的实证分析和基于不同文化背景的相关研究。

（1）关键成功因素的研究

阿贝迪等（Al-Badi et al.，2007）在分析了发展中国家推广移动政务成功和失败的案例后指出，隐私、安全和信任以及基础网络的质量都是影响移动政务成功推广的重要因素，他们认为注重个人隐私的保护和不断增强用户的安全感知是有效地改善目前移动政务使用较少的重要措施。恩塔莉安妮等（Ntaliani et al.，2008）认为，对于一项新技术的使用和推广，成本和效益都是无法回避的问题。基于成本效益的分析框架，他们认为将移动政务与农业生产相结合，对政府和农户而言无疑是一个双赢的举措。因为移动政务能及时将政府发布的灾害预警信息、便农服务信息和其他重要信息传递给农户，大大提高了政府的服务效率。对农户而言，相对于传统的计算机等操作系统，手机终端由于操作简单更容易被接受。库玛等（Kumar et al.，2008）指出，移动性既是移动政务的典型特征也是其价值所在，移动性以及用户在使用过程中显现出来的价值，是影响用户采纳移动政务的重要原因。

（2）采纳的实证研究

基恩等（Jen et al.，2010）通过分析用户使用移动医疗行为后发现，用户的性别和对移动医疗使用时间的长短对用户的使用意愿具有显著的影响作用。胡等（Hu et al.，2011）从理论上分析认为，及时的数据获取、有效的信息支持、集成的知识共享，改进的或超出机构范围的执法人员之间的协作是影响用户使用移动司法系统的重要因素，并通过实证研究表明，只有感知的有用性显著影响用户对系统的使用。

（3）不同文化背景的研究

基于跨国文化的视角，埃海迪等（Al-Hadidi et al.，2009）通过对美国、欧洲、中东和澳大利亚等国家和地区的 5 个案例进行研究后发现，移动政务的采纳和扩散具有区域性的特点，进而他们总结出一个包含文化、政策、安全、信任、用户需求、期望和对变化的容忍程度在内的影响移动政务采纳和扩散的模型，他们认为这种综合多种文化背景的模型将更符合组织和用户的实际情况。杜赫特等（Doherty et al.，2010）通过对 6000 名澳大利亚移动用户的调查发现，信息服务提供商、内容服务提供商和软硬件服务提供商是影响用户使用移动政务的重要因素。目前，国内对移动政务的研究还处于起步阶段，赵蓉（2008）通过对广州市政府开展的移动政务建设的实践分析后发现，成熟的通信技术应用水平、合适的移动政务应用服务、市民的信任与参与和系统的双向互动能力，是影响移动政务系统成功实施的四大关键因素。

感知安全和感知有用，是影响用户使用移动政务的重要因素（Al-Hadidi et al.，2009）。尽管感知安全和感知有用在移动政务的使用中扮演了重要的角色，但真正将其包含在同一模型中并实证分析其对移动政务使用意愿影响的还比较少。为了帮助人们更好地理解移动政务环境下感知安全和感知有用对用户行为的影响，有必要构建一个综合模型来描述移动政务采纳的驱动因素。本章接下来的部分将先对现有的技术采纳模型（TAM）进行改进，从而更好地适应本章的需要，并在改进模型的基础上提出本章的研究假设，结合收集的样本数据对其进行验证，并对研究结果进行分析和讨论，以便得出有利于政府和企业推广移动政务的具体措施，从而促进移动政务在中国更好、更快地发展。

12.2 研究模型

12.2.1 理论基础

态度/行为理论经常被作为理论基础来研究信息技术的采纳，尤其是技术采纳模型（TAM）（Yuan et al.，2010；Hong et al.，2006）。技术采纳模型（TAM），见图 12 – 1 表明，用户对信息系统有用性的感知（perceived usefulness）和易用性的感知（perceived ease of use）将影响用户的态度，进而影响用户的行为意向（Davis，

1989；Davis，Bagozzi & Warshaw，1989）。后经众多的研究表明，在传统的信息系统领域，感知的有用性和感知的易用性对用户的态度和行为意向有显著的影响作用，并且感知的易用性同时也影响了感知的有用性（鲁耀斌等，2006）。

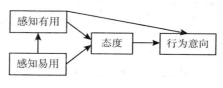

图 12 – 1　技术采纳模型

随着信息技术的日趋普及和成熟以及人们对其使用能力的逐步提高，IT 产品的互联与互通性明显增强，并且日趋商品化、标准化和同质化，IT 已经成为企业必备的基础设施和个体生活中不可缺少的部分（Carr，2003）。IT 产品的复杂度和使用难度的降低，使得感知的易用性已经不是影响用户使用信息技术的因素，因为感知的易用性是单纯地从技术使用的角度来评估信息系统的特点。相关的研究也证明了与感知的有用性相比，感知的易用性对用户使用意愿的影响并不明显（Gefen et al.，2000；Adams et al.，1992）。

随着信息技术的发展和信息系统的使用，信息安全已经成为用户无法回避的问题。特别是在网络环境下，用户对系统的使用，将取决于其对信息安全威胁的控制、感知安全体验的增强和信任机制的建立。感知安全（perceived security）是指，用户认为使用特定系统后所承担零风险（risk free）的程度。现有的研究表明，感知安全是影响用户采纳信息系统的重要因素（Jahangir et al.，2000；Flavián et al.，2006；Chellappa et al.，2002；Salisbury et al.，2001）。

基于上面的分析，我们对 TAM 模型作如下改进，用感知安全替换掉感知的易用性，并加入感知价值，利用感知价值调节感知安全和感知有用对使用意愿的影响，如图 12 – 2 所示，最终形成本章的分析框架。

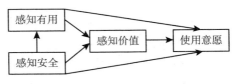

图 12 – 2　移动政务采纳模型

12.2.2　研究假设

感知安全是用户认为使用特定系统后所承担零风险的程度。在移动政务背景下，感知安全反映了使用者对移动政务服务的可靠性和私密性的认知，是使用者信任服务商和系统并产生使用行为的一个重要因素（林家宝等，2009）。通常，感知安全用感知的可靠性来度量，感知可靠是指，用户相信使用系统没有隐私泄露的隐患或不会遭受风险损失的程度。越来越多的研究表明，使用者在使用信息系统时首要考虑的因素是其安全性（田博等，2008；姚公安，2009）。当用户认为使用系统不会威胁其隐私问题时，他们就会增加对系统有用性的认知，从而增加系统的感知价值，进而对使用系统持正面积极的态度（Chen et al. , 2007；Gefen et al. , 2003）。因此，在用户采纳移动政务时，我们给出如下三个假设：

H1：感知安全显著影响感知的有用性；

H2：感知安全显著影响感知价值；

H3：感知安全显著影响用户的使用意愿。

感知的有用性是指，用户认为使用特定系统在多大程度上对其工作的绩效起到促进作用。在 TAM 模型中，感知的有用性和感知的易用性显著影响用户的使用意愿。信息系统是组织或个人参与其中并利用信息、技术或其他资源，为组织内部人员和外部的顾客提供特殊的产品或服务的工作系统（Alter，2008）。移动政务在本质上也可以看作信息系统，它可以定义为组织或个人利用无线网络和便携设备为其服务的对象提供产品或服务。在移动环境下，个性化是移动政务的重要特征，移动政务通过提供给用户及时、便捷和个性化的信息，满足了用户多层次的信息需求，帮助用户提高工作效率或者完成在其他信息环境下难以完成的工作，从而大大增加了移动政务的价值（Bina et al.，2007；Fan et al.，2006）。基于移动政务的典型特征（移动性、个性化、位置相关性等）产生的有用性（灾害预警、订制服务、GPS 定位）将有利于增强用户对移动政务价值的感知（Ko et al.，2009）。因此，在用户采纳移动政务时，我们给出如下两个假设：

H4：感知的有用性显著影响感知价值；

H5：感知的有用性显著影响用户的使用意愿。

感知价值（perceived value）是个体从购买商品中获得的收益减去其支付成本后的净额（货币的或者非货币的）（Parasuraman et al.，2000）。感知价值强调收益和成本之间平衡的重要性，是一个重要的预测用户购买意愿或信息系统使用意图的结构变量（Kim et al.，2007；Wang，2008；Carpenter et al.，2000）。从用户的角度来分析，移动政务的独特价值在于其无处不在，便利性、位置性和个性化，能帮助用户在紧急情况下完成特定的工作任务和满足在信息传递中的基于个人特征的个性化需求（Clarke，2001），从而为用户创造价值。很多研究显示，是感知价值而非感知的有用性或感知的易用性直接对用户的购买意向或使用意愿产生影响作用，即感知价值对系统的感知有用性或者感知易用性等特征起到中介作用（Kleijnen et al.，2000；Lin et al.，2007）。因此，在用户采纳移动政务时，我们给出如下假设：

H6：感知价值显著影响用户的使用意愿。

12.3 研究方法

我们通过发放调查问卷的方式来收集数据，验证图 12 - 2 的研究模型。为了确保模型中各变量的信度和效度，我们采取度量这些变量的方法是在文献分析的基础上借鉴相关文献已有的研究成果，直接将这些量表翻译成中文，只是在表述上根据本章的需要和中国的具体环境作了适当修正。基于相关文献中对本章的各个变量的度量方法，我们设计了一份李克特七级的度量问卷，各个问题的选项从强烈不同意（1）到强烈同意（7），用户根据自己的具体感知和使用情况进行打分。具体对感知安全（PS）、感知有用（PU）、感知价值（PV）和使用意愿（IN）的定义、测量以及测量来源，见表 12 - 1。为了保证问卷设计的有效性，笔者在发放问卷之前事先做了预调研，根据回收的 20 份问卷的反馈结果，对问卷中可能存在误解的表达方式和过于学术性的语言进行了修改，从而更加有利于调查对象来完成答卷。修改完成后，我们根据黑龙江省和河南省有关部门提供的企业名单，对两省的高新技术企业进行了随机抽样。本次共调查了 180 家企业，问卷的填写对象有企业一般员工、中层管理人员和高层管理人员，询问他们使用政府提供的移动短信平台的具体情况，最终回收问卷 122 份，其中，有 5 份数据不全被剔除，最终有效问卷为 117 份，回收率为 65%。经过进一步分析，样本的人口统计主要有男性 65 名（58%），女性 47 名（42%）；一般员工 87 名（78%），中层管理人员 22 名（20%），高层管理人员 3 名（2%）。

表 12 - 1 变量定义和度量

变量	定义	测度项
感知安全	感知安全是用户认为使用特定系统后所承担零风险的程度	我觉得可以放心使用移动短信平台 我觉得移动短信平台有保护安全使用的措施 我觉得使用移动短信平台能保护我的隐私

续表

变量	定义	测度项
感知有用	感知的有用性是指，用户认为使用特定系统在多大程度上对其工作的绩效起到促进作用	我觉得使用移动短信平台能提高我的工作效率 我觉得使用移动短信能帮我更好地完成工作 我觉得使用移动短信平台对我的工作很有帮助
感知价值	个体从购买商品中获得的收益减去其支付的成本后的净额（货币的或者非货币的）	我觉得使用移动短信平台在经济上很值 我觉得使用移动短信平台在价格上可以接受 我觉得移动短信平台服务值得购买
使用意愿	个人从事某项行为的意愿和有意识的计划	我打算使用移动短信平台 我喜欢使用移动短信平台 我觉得应该使用移动短信平台

12.4 数据分析

根据回收的数据，我们利用 PLS 分析软件对本章提出的理论模型进行了验证。由于我们的样本量较小（117 份），不适合用协方差作为基础的软件来分析，如，AMOS 或 LISREL。一般来说，PLS 更适合小样本的分析，因为它可以解释更复杂的关系从而避免了解释不足和其他不确定性因素的影响（Liang et al.，2007）。

12.4.1 度量模型

一般认为，因子的平均抽取方差（AVE）的值在 0.5 以上，复合信度（CR）在 0.7 以上是可以接受的（Fornell et al.，1982；Gefen et al.，2000）。从表 12 - 2 可以看出，AVE 值均在 0.7 以上，CR 值均在 0.9 以上，说明各测度项均拥有较高的收敛效度和较好的内部一致性。

表 12 - 2 信度

	AVE	CR	R^2	Cranach's α	Communality	Redundancy
PS	0.793	0.917	0	0.861	0.793	0
PU	0.761	0.905	0.153	0.842	0.761	0.116
PV	0.759	0.904	0.276	0.842	0.759	0.130
IN	0.847	0.943	0.550	0.909	0.847	0.104

通过表 12 - 3 可以看出，度量各结构变量的因子载荷大部分都在 0.8 以上（仅有一个低于 0.8），而且潜变量解释了 70% 以上的方差。一般认为，因子载荷在 0.7 以上，提取因子的累积解释方差在 70% ~ 80% 以上是比较合适的（郭志刚，1999）。因此，各因子能较好地代表相关结构变量。

表 12 - 3 交叉因子载荷

	PS	PU	PV	IN
PS1	0.732	0.374	0.361	0.284
PS2	0.960	0.339	0.401	0.472
PS2	0.960	0.339	0.401	0.472
PU1	0.373	0.901	0.424	0.656
PU2	0.311	0.790	0.334	0.476
PU3	0.337	0.920	0.389	0.608
PV1	0.429	0.467	0.844	0.513
PV2	0.392	0.342	0.910	0.387
PV3	0.303	0.322	0.858	0.523
IN1	0.399	0.616	0.505	0.904
IN2	0.411	0.598	0.504	0.914
IN3	0.475	0.639	0.511	0.943

为了验证其鉴别效度，我们对 AVE 进行开方。如果 AVE 的平方根在其内部结构系数中是最大的，即，各因子的 AVE 值的平方

根大于其与其他因子的相关系数（AVE 值的平方根在其所在的列是最大的），表明测量模型具有较好的区别效度（Chin et al.，1998）。如表 12 - 4 所示，各个因子的 AVE 平方根（表中阴影部分的数字）均大于同列中其他的相关系数，所以各因子之间具有较好的区别效度。因此，综合表 12 - 2、表 12 - 3、表 12 - 4 的分析，本章所用到的样本具有较高的信度和效度。

表 12 - 4 　　　　　　　　　　　潜变量的相关系数

表 3	PS	PU	PV	IN
PS	0.890			
PU	0.391	0.873		
PV	0.435	0.441	0.871	
IN	0.466	0.672	0.551	0.920

12.4.2 路径模型（假设检验）

表 12 - 5 显示了 PLS 运行的本章中的五个假设的验证结果，其中，因变量 IN 的 $R^2 = 0.55$。一般来说，R^2 的值在 0.3 以上可以认为模型对因变量的解释性较好。模型的总体评价见表 12 - 5，通过表 12 - 5 的第六列可以看出，除了 H3 没有得到验证外，其他的假设在 $P = 0.05$ 水平下，路径系数都是显著的。具体来讲，感知安全对采纳意图影响的假设的具体验证情况为，PS - PU（$b = 0.391$，$*p < 0.05$），H1 得到了验证；PS - PV（$b = 0.31$，$*p < 0.05$），H2 得到了验证；PS - IN（$b = 0.158$，$*p > 0.05$），H3 没有得到数据的支持；感知有用对采纳意图影响的假设的具体验证情况为，PU - PV（$b = 0.319$，$*p < 0.05$），H4 得到了支持；PU - IN（$b = 0.493$，$*p < 0.05$），H5 得到了验证；PV - IN（$b = 0.264$，$*p < 0.05$），H6 得到了验证。从表 12 - 5 可以看出，其中，H5（FU - IN）最为显著（$T = 6.399$）。

表 12 - 5			总体评价			
假设	假设内容	Or. S	Mean	St. D	T	检验结果
H1	PS – > PU	0. 391	0. 396	0. 096	4. 079	支持
H2	PS – > PV	0. 310	0. 305	0. 090	3. 451	支持
H3	PS – > IN	0. 158	0. 164	0. 097	1. 641	不支持
H4	PU – > PV	0. 320	0. 322	0. 101	3. 152	支持
H5	PU – > IN	0. 493	0. 494	0. 077	6. 399	支持
H6	PV – > IN	0. 264	0. 255	0. 065	4. 085	支持

12.5 结 果 讨 论

12.5.1 感知安全对感知有用性、感知价值和使用意愿的影响

据中国信息安全认证中心的研究报告显示，2009 年，52% 的网民曾遭遇过网络安全事件，而网民处理安全事件所支出的相关服务费用高达 100 多亿元，网络安全已经成为广大网民和政府不容忽视的问题。根据我们的研究结果显示，感知安全是影响感知有用和感知价值的最重要因素。说明用户在使用移动政务过程中，他们希望移动政务服务商能保护他们的个人隐私，而他们对使用安全的感知程度直接影响他们对移动政务价值的认知。这给我们带来的启示是，用户良好的安全感知在很大程度上会增加用户对移动政务价值的认知。因此，政府和企业可以考虑从如何提高移动政务的安全使用着手，从而提高移动政务的价值。

一个有意思的现象是，我们的研究结果并没有支持感知安全对用户使用意愿的显著影响的假设，这与在以往很多研究中得出的结论有所不同，已有的研究（如，Hong et al. , 2006；Jahangir et al. ,

2007）都表明，感知安全对用户的使用意愿起到了显著的影响。我们认为，两者结论不同的原因在于研究背景的变化。现有研究主要是基于商务环境，而本章是基于移动政务的背景，二者的本质区别在于政府与企业及其他组织在用户心中的信誉不同。由于公民对政府的信任要大于其对企业或者其他组织的信任（Lee et al.，2007）。因此，用户在使用移动政务系统时，安全性可能并不是他们首要考虑的问题。这给我们带来的启示是，在移动政务的推广过程中，服务商应该更多地考虑系统的有用性，只有不断地增加用户对系统有用性的感知，才能吸引更多的用户使用系统。

12.5.2　感知有用性对感知价值和使用意愿的影响

感知有用性是影响感知价值的重要因素。移动政务作为一个工作系统，对用户而言，其给用户创造价值的逻辑在于，提高他们完成现有工作的效率或者帮助他们完成那些在没有使用移动政务系统之前不能完成的工作。研究也表明，当用户使用一项新技术时，能明显感知到新技术对其工作的支持，将有利于他们对系统价值的感知。结合本章得出的结论，这给移动政务服务提供商带来的启示是，在开发新产品或提供新服务时，要结合用户工作任务的特点，注重产品对其工作任务的支持，从而增加产品或服务的实用性。

感知有用显著影响用户的使用意愿。这说明，感知有用是预测用户使用意愿的一个重要指标。因此，当用户感知移动政务能够对其工作产生促进作用或在其他方面具有较大的使用价值时，那么，他们就很有可能去积极使用移动政务。这一研究发现，对实践的启示是，唯有不断提高服务水平，提高服务的性价比，从系统不同层面增加用户对其有用性的感知，才能提高用户的满意度，进而吸引用户积极使用移动政务。

12.5.3 感知价值对使用意愿的影响

感知价值显著影响用户的使用意愿,这一研究发现说明,感知价值是预测用户使用意愿的重要的结构变量。我们的研究结论既印证了基于价值的技术采纳模型(VAM),也部分印证了存在于市场营销中的"质量(quality)—价值(value)—满意(satisfaction)—忠诚(loyalty)"的关系链,同时还与一些信息系统成功研究中的用户对系统的感知价值显著影响信息系统的成功使用相吻合(Wang,2008)。具体到本章中,用户对移动政务的使用意愿取决于他们对系统价值的感知,而用户对系统价值的感知又受系统有用性、安全性、及时性和个性化等特点的影响。给我们带来的启示是,当用户感知移动政务具有使用价值时,他们就可能去尝试使用移动政务。这就要求移动政务服务商在推广移动政务过程中,一方面,需要结合用户的特点,提供个性化的服务,并逐步降低服务费用,从而提高服务性价比;另一方面,需要针对不同类型的用户采取不同的营销策略,增加用户对系统价值的感知,才能吸引用户积极使用移动政务。

12.5.4 感知价值的中介作用

通过我们的研究发现,感知安全和感知有用通过影响感知价值进而影响用户的使用意愿,也就是说,感知价值在本章中起到中介变量的作用。这与以往的一些文献中直接研究感知有用和感知安全对用户使用意愿的影响,存在明显的不同。例如,在经典的技术采纳模型中,感知的有用性直接影响用户的使用意愿,而在本章中我们发现,感知有用不仅直接影响用户的使用意愿,还能通过感知价值影响用户的使用意愿。另外,我们发现,感知安全对移动政务使用意愿的影响作用并不显著,但它可以通过影响感知价值进而影用户的使用意愿。这给我们带来的启示是，尽管感知安全并不直接影响用户的使用意愿，但并不是说服务商可以不考虑系统的安全性，因为系统的安全性将通过对感知价值的影响来间接影响用户的使用意愿。

12.6　结　　论

移动政务在提高政府服务能力和服务效率的同时，也给传统的信息技术理论带来了挑战，这些理论能否应用到移动网络环境下需要通过实证研究加以检验。本章在 TAM 理论的基础上结合移动政务的特点，构建了移动政务采纳的理论模型，并通过收集的样本数据对其进行了验证。实证研究的结果表明，在移动政务的采纳过程中，感知安全是影响感知有用和感知价值的重要因素，但其对用户使用意愿的直接作用并不显著；而感知安全和感知有用显著影响用户的感知价值；感知价值在对用户的使用意愿具有显著影响作用的同时，还调节感知安全和感知有用对使用意愿的影响。

目前，移动政务的应用还处于起步阶段，本章的理论意义在于构建了一个移动政务采纳的理论模型，并指出了其影响因素，为移动政务的采纳提供了理论基础。其实践意义在于，为政府大力推行移动政务，建设服务型政府提供了理论支撑和具体思路。

本章的不足在于，样本量较小和只考虑了感知的有用性和感知安全对用户采纳的影响，后续的研究可以在增大样本量的同时，引进其他的影响因素，如，政府的作用，以增强模型的解释能力。另外，模型只考虑了采纳阶段移动政务的影响因素。对组织而言，信息技术的吸收包括信息技术的启动（initiation）、采纳（adoption）和固化（routinization）三个阶段（Zhu et al.，2006；祝效国等，2009），后续的研究可以基于三阶段的使用情况进行历时研究（Longitude Study）（Kim et al.，2009；Bhattacherjee，2001），也可以基于本章的分析框架，结合具体的应用系统和应用背景进一步验证模型的合理性，从而扩展模型的应用范围。

<h1 style="text-align:center">参 考 文 献</h1>

［1］邓朝华，鲁耀斌，张金隆．TAM、可靠性和使用能力对用户采纳移动银行服务的影响．管理评论，2009，21（1）：59－66．

［2］郭志刚．社会统计分析方法——SPSS软件应用．北京：中国人民大学出版社．1999：98．

［3］林家宝，鲁耀斌，张金隆．基于TAM的移动证券消费者信任实证研究．管理科学．2009，22（5）：61－71．

［4］鲁耀斌，徐红梅．技术接受模型的实证研究综述．研究与发展管理，2006，18（3）：93－98．

［5］田博，覃正．B2C电子商务中基于D－S证据融合理论的推荐信任评价模型．管理科学．2008，21（5）：98－104．

［6］姚公安．消费者对电子商务企业信任建立过程中信息搜索体验的影响．管理科学，2009，22（5）：49－60．

［7］姚国章．国际、国内政府电子化服务研究进展．公共管理学报．2006，3（1）：40－44．

［8］赵蓉．移动政务关键成功因素研究．上海行政学院学报．2008，9（5）：28－34．

［9］祝效国，叶强，李一军．企业技术创新的采纳、扩散与内化机制研究综述．信息系统学报．2009，3（2）：66－76．

［10］Adams D. A. , Nelson R. R. , Todd P. A. Perceived Usefulness, Ease of Use, And Usage of Information Technology: A Replication. MIS Quarterly, 1992, 16（2）: 227－247.

［11］Al－Badi A. H. , AlShihi H. Adopting M－Government services in Oman: Challenges and opportunities. Information Management in the Networked Economy: Issues & Solutions. 2007, 32（3）: 567－573.

［12］Al－Hadidi A. , Rezgui Y. Critical Success Factors for the Adoption and Diffusion of m－Government Services: A Literature Review. 9th European Conference on E Government Proceedins. 2009, 21 - 28.

[13] Alter S. Defining Information Systems as Work Systems: Implications for the IS Field. European Journal of Information System, 2008, 17 (5): 448 - 469.

[14] Bélanger F. , Carter L. Trust and risk in e-government adoption. International Journal of Information Management, 2008, 17 (2): 165 - 176.

[15] Bhattacherjee A. Understanding information systems continuance: An expectation-confirmation model. MIS Quarterly, 2001, 25 (3), 351 - 370.

[16] Bina M. , Giaglis G. M. . Perceived value and usage patterns of mobile data services: A cross-cultural study. Electronic Markets, 2007, (17): 241 - 252.

[17] Carpenter J. M. , Fairhurst, A. Consumer shopping value, satisfaction, and loyalty for retail apparel brands. Journal of Fashion Marketing and Management 2005, 9 (3): 256 - 269.

[18] Carr N. C. . IT doesn't matter. Harvard Business Review, 2003, 81 (5): 41 - 49.

[19] Chellappa R. K. , Pavlou P. A. Perceived information security, financial liability and consumer trust in electronic commerce transactions. Logistics Information Management, 2002, 15 (6): 358 - 368.

[20] Chen Y. H. , Barnes S. . Initial Trust and Online Buyer Behavior. Industrial Management & Data Systems, 2007, 107 (1): 21 - 36.

[21] Chin W. . The Partial Least Squares Approach to Structural Equation Modeling in Modern Methods for Business Research. Marcoulides (M), Lawrence Erlbaum Associates, Hillsdale, NJ, 1998, 295 - 336.

[22] Clarke, I. Emerging value propositions for m-commerce. Journal of Business Strategies, 2001, (18): 133 - 148.

[23] Davis F. , Bagozzi R. , Warshaw P. User acceptance of computer technology: A Comparison of Two Theoretical Models. Management Science, 1989, 35 (8): 982 - 1004.

[24] Davis F. Perceived Usefulness, Perceived Ease of Use, and User Acceptance of Information Technology. MIS Quarterly, 1989, 13 (3): 319 - 340.

[25] Doherty K. , Hill S. R. , Mackay M. M. , McPherson J. Mobile Data Service usage and preference: an investigation of Australian consumers. International Journal of Mobile Communicationas, 2010, 8 (1): 106 - 127.

［26］Emad A. , Al – Rub, Abu A. S. , Khalil M. N. . Obstacles Facing the Adoption of E – Government Services in Jordan. Journal of E – Governance, 2010, 33 (1): 35 – 47.

［27］Fan, H. , Poole, M. S. What is personalization? Perspectives on the design and implementation of personalization in information systems. Journal of Organizational Computing and Electronic Commerce, 2006, 16 (3): 179 – 202.

［28］Flavián C. , Guinalíu M. Consumer trust, perceived security and privacy policy: Three basic elements of loyalty to a website. Industrial Management & Data Systems, 2006, 106 (5): 601 – 620.

［29］Fornell C. , Bookstein F. L. Two Structural Equation Models: LISREL and PLS Applied to Consumer Exit – Voice Theory. Journal of Marketing Research. 1982, 19 (4): 440 – 452.

［30］Gefen D. , Karahanna E. , Straub D. W. Trust and TAM in online shopping: An integrated model. MIS Quarterly, 2003, 27 (1): 51 – 90.

［31］Gefen D. , Straub D. , Boudreau M. C. Structural Equation Modeling and Regression: Guidelines for Research Practice. Communications of the AIS. 2000, 4 (7): 1 – 79.

［32］Gefen, David, Straub, Detmar W. The Relative Importance of Perceived Ease of Use in IS Adoption: A Study of E – Commerce Adoption. Journal of the Association for Information Systems, 2000, 1 (8): 1 – 30.

［33］Ghyasi A. F. , Kushchu I. m – Government: Cases of Developing Countries. European conference on E – Government, Castle Dublin, Ireland, 2004, 887 – 898.

［34］Hong S. J. , Tam K. Y. , Understanding the Adoption of Multipurpose Information Appliances: the Case of Mobile Data Services, Information Systems Research, 2006, 17 (2): 162 – 179.

［35］Hu P. J. , Chen H. , Hu H. F. Law enforcement officers' acceptance of advanced e-government technology: A survey study of Coplink Mobile. Electronic Commerce Research and Applications. 2011, 10 (1): 6 – 16.

［36］Ishmatova D. , Obi T. M – Government Services: User Needs and Value. Journal of E – Government Policy & Regulation, 2009, 32 (1): 39 – 46.

［37］Jahangir N. , Begum N. Effect of Perceived Usefulness, Ease of Use,

Security and Privacy on Customer Attitude and Adaptation in the Context of E – Banking. Journal of Management Research, 2007, 7 (3): 147 – 157.

[38] Jen W. Y. , Hung M. C. An Empirical Study of Adopting Mobile Healthcare Service: The Family's Perspective on the Healthcare Needs of Their Elderly Members. Telemedicine Journal and E – health, 2010, 16 (1): 41 – 48.

[39] Kim D. J. , Ferrin D. L. , Rao H. R. Trust and Satisfaction, Two Stepping Stones for Successful E – Commerce Relationships: A Longitudinal Exploration. Information Systems Research, 2009, 20 (2): 237 – 257.

[40] Kim H. , Chan H. , Gupta S. Value-based adoption of mobile internet: An empirical investigation. Decision Support Systems, 2007, (43): 111 – 126.

[41] Kleijnen M. , Ruyter K. , Wetzels M. An assessment of value creation in mobile service delivery and the moderating role of time consciousness. Journal of Retailing, 2007, 83 (1): 33 – 46.

[42] Ko E. , Kim E. Y. , Lee E. K. Modeling Consumer Adoption of Mobile Shopping for Fashion Products in Korea. Psychology & Marketing, 2009, 26 (7): 669 – 687.

[43] Kumar M. , Hanumanthappa M. , Reddy B. L. Security issues in m-government. International Journal of Electronic Security and Digital Forensics, 2008, 4 (1): 401 – 412.

[44] Lean O. K. , Zailani S. , Ramayah T. , Fernando Y. Factors influencing intention to use e-government services among citizens in Malaysia. International Journal of Information Management, 2009, 29 (6): 458 – 475.

[45] Lee J. K. , Rao H. R. Perceived risks, counter-beliefs, and intentions to use anti-/counter-terrorism websites: An exploratory study of government-citizens online interactions in a turbulent environment. Decision Support Systems, 2007, 43 (4): 1431 – 1449.

[46] Lee S. , Tang X. , Trimi S. Current practices of leading e-government countries. Communications of the ACM, 2005, 48 (10): 99 – 104.

[47] Lee S. , Tang X. , Trimi S. M – Government, from rhetoric to reality: Learning from leading countries. International Journal of E – government. 2006, 3 (2): 113 – 126.

[48] Liang H. , Saraf N. , Hu Q. etal. Assimilation of Enterprise Systems:

The effect of institutional pressures and the mediating role of top management. MIS Quarterly, 2007, 3 (1): 1 – 30.

[49] Lin C. H. , Shih H. Y. , Sher P. J. Integrating technology readiness into technology acceptance: The TAM model. Psychology & Marketing, 2007, 27 (7): 641 – 657.

[50] Moon M. J. , Norris D. F. Does managerial orientation matter? The adoption of reinventing government and e-government at the municipal level. Information Systems Jounal, 2005, 15 (1): 43 – 60.

[51] Ngai E. W. T. , Gunasegaram A. A review for mobile commerce research and applications. Decision Support Systems, 2007, 43 (1): 3 – 15.

[52] Ntaliani M. , Costopoulou C. , Karetsos S. Mobile government: A challenge for agriculture. Government Information Quarterly, 2008, 25 (4): 699 – 716.

[53] Parasuraman A. , Grewal D. The impact of technology on the quality-value-loyalty chain: a research agenda. Journal of the Academy of Marketing Science, 2000, 28 (1): 168 – 174.

[54] Salisbury W. D. , Pearson R. A. , Pearson A. W. , Miller D. W. Perceived security and World Wide Web purchase intention. Industrial Management & Data Systems, 2001, 101 (4): 165 – 177.

[55] Trimi S. , Sheng H. Emerging trends in M – government. Communications ACM, 2008, 51 (5): 53 – 58.

[56] Wang Y. S. Assessing e-commerce systems success: a respecification and validation of the DeLone and McLean model of IS success. Information systems Journal. 2008, 18 (5): 529 – 557.

[57] Yoojung K. , Yoon J. , Park S. , Han J. Architecture for implementing the mobile government services in Korea. Lecture Notes in Computer Science, 2004, 3289: 601 – 612.

[58] Yuan Y. F. , Norm Archera, Catherine E. Connellya and Wuping Zhenga Identifying the ideal fit between mobile work and mobile work support. Information & Management. 2010, 47 (3): 125 – 137.

[59] Zhu K. , Kraemer K. L. , Xu S. The process of innovation assimilation by firms in different countries: a technology diffusion perspective on e-business. Management Science, 2006, 52 (10): 1557 – 1576.

第*13*章

"互联网+"背景下纳税人对税务机关
满意度的形成机制①

13.1 引　言

　　截至 2015 年 12 月，中国手机网民规模达 6.20 亿人，占总网民人数的 90.1%，手机已成为网民的主要上网终端。移动技术的广泛应用和移动终端设备的广泛普及，为"互联网+税务"行动计划的实施提供了难得的机遇。与传统的电子税务相比，移动税务能克服时间和空间的限制，为税务机关与纳税人进行实时交流和互动提供一种新的手段，使纳税人能在任何时间和地点获取税务信息和享受税务服务。然而，相对于发展迅速的传统电子税务而言，移动税务的发展还处于起步阶段。在"互联网+税务"背景下，税务机关如何推广移动税务来更好地满足纳税人对办税服务多样性和个性化的需求，便是一个迫切需要解决的现实问题，因为这对提高纳税人对税务机关的满意度，以及"热情拥抱互联网，加快实现税务梦，

---

① 本章王长林已发表于《税务研究》2016 年第 8 期，略有改动。

让中国税务腾飞"具有重要的现实意义。为此，本章以掌上办税大厅为研究背景，构建纳税人对税务机关满意度的研究模型，分析影响纳税人使用掌上办税大厅的因素，进而揭示纳税人对税务机关满意度的形成机制，为税务机关提升"互联网＋税务"背景下的满意度提供理论基础和实践指导。

13.2　理论基础和模型构建

13.2.1　理论基础

王（Wang，2014）通过梳理文献发现，针对 IT 纳税人使用行为机理这一现象展开解释的研究，在信息系统研究领域已经持续了几十年。然而，凯姆等（Kim et al.，2007）发现，现有理论研究还主要是基于传统 IT 的应用场景，针对纳税人使用新兴 IT 服务（如，移动服务）的研究还较少关注。为此，本巴萨等（Benbasat et al.，2007）建议，为更好地理解纳税人的行为，应拓展现有的理论分析框架和应用场景。基于价值的纳税人使用行为模型（value based adoption model，VAM）被认为是对这一呼应的回应。VAM 的理论基础来源于成本收益理论的分析框架，通常被用来解释用户的行为选择，其基本假设是个人的行为选择主要取决于其对成本与收益权衡后的价值最大化（Kahneman et al.，1990），即感知价值最大化。感知价值通常是指，用户获得的效用减去其支付的成本，其被定义为用户对其从产品或服务中获得的收益与其所付出的成本的一种总体效果的评估（Zeithaml，1988）。一般来说，如果收益大于成本，那么，用户会满意于其购买（使用）的产品或服务。通过现有的文献分析（如，Wang，2014；Yuan et al.，2010），在移动服务中的感知收益主要包括四个变量：服务质量、个性化、互动性和透明性；感知成本主要包括感知费用和感知风险。

13.2.2 研究模型

移动税务是指，税务机关借助移动设备和移动网络为纳税人随时随地提供服务。相比于传统的电子税务服务，移动税务的优点主要体现在三个方面。一是移动税务让纳税人不再受时间和空间的限制，能随时随地处理业务，这对有时效性要求的税务业务办理来说，作用十分明显（Komiak et al.，2006；Wang，2014）。二是移动税务还能为纳税人提供个性化的定制服务，这种基于个人偏好的优质的应用能有效地改善服务质量和提高服务效率，增强纳税人对其价值的感知（Trimi et al.，2008；Zhou，2012）。三是移动税务鼓励纳税人相互解答涉税问题，将纳税人发展为"大众导税员"，①便于税务人员和纳税人交流和互动。总之，移动税务能为纳税人提供便捷和透明的信息和服务，让税务业务办理处于"阳光"之下，对提高纳税人服务质量和满意度，提升税务机关公信力，打造服务型和透明型税局具有重要作用（Tan et al.，2013）。为此，基于感知收益与感知价值的关系，我们提出以下四个假设：H1：服务质量与感知价值正相关；H2：个性化与感知价值正相关；H3：互动性与感知价值正相关；H4：透明度与感知价值正相关。

感知成本是纳税人付出的货币成本与非货币成本，感知成本与感知价值负相关。感知成本主要包括，感知费用和感知风险，本模型中感知费用是指，纳税人在使用移动税务服务时对其支付货币成本的感知。通常来讲，纳税人感知使用移动税务的费用越高，那么纳税人对其价值的感知就越低。然而，由于移动服务是一种全新的服务方式，纳税人在比较费用时，通常是相对于其他服务的费用而言（如，基于传统的电子税务服务）。一般来说，感知费用越高，

① 国家税务总局《"互联网+税务"行动计划》。

纳税人的感知价值越低（Kim et al.，2007）。感知风险是纳税人在使用移动服务时对时间投入和金钱损失的感知。一般来说，高风险会降低纳税人对其价值的感知（Liu et al.，2015；Fang et al.，2005）。为此，基于感知成本与感知价值的关系，我们提出如下两个假设：

H5：感知费用与感知价值负相关；

H6：感知风险与感知价值负相关。

基于成本收益理论，感知收益是消费者对其付出与其收益之间的比较，比较的结果决定消费者的行为选择。也就是说，感知价值是影响纳税人满意度的一个重要变量（Lin et al.，2016；Abdelfattah et al.，2016）。一般来说，感知价值越大，纳税人满意度越高，越可能接受服务。因此，感知价值与满意度正相关。相关研究（如，Ko et al.，2009；Liu et al.，2015）表明，感知价值对满意度具有正向影响（Wang，2014；Teo et al.，2008）。在"互联网＋"背景下，纳税人与税务机关人员直接接触的频率降低，更多的业务是通过使用税务系统来完成的。因此，有理由相信，纳税人对税务系统的满意度会对税务机关的满意度产生正向影响。为此，我们提出以下3个假设：

H7：感知价值与税务系统满意度正相关；

H8：感知价值与税务机关满意度正相关；

H9：税务系统满意度与税务机关满意度正相关，见图13－1。

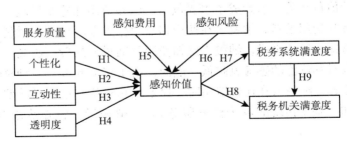

图13－1　研究模型

13.3 数据收集和实证检验

13.3.1 数据收集

为保证模型中变量测度的信度和效度，本章的量表均来源于已有文献，服务质量（FQ）和互动性（HD）来源于谭等（Tan et al.，2013），个性化（GX）和透明度（TR）来源于温科特氏等（Venkatesh et al.，2016）；感知费用（PF）、感知风险（PS）和感知价值（PV）来源于克姆等（Kim et al.，2007）；税务系统满意度（SS）和税务机关满意度（SG）来源于特欧等（Teo et al.，2008）。量表设计时，我们根据布瑞斯林（Brislin，1970）建议的方法，先把量表翻译成中文，然后再把中文翻译成英文。量表采用李克特（Likert）7 级结构，请参加调查的纳税人根据使用情况分别进行打分，分值反映了纳税人对该问题的态度从强烈不同意（1）到强烈同意（7）的变化过程。问卷发放采用互联网的调查方式，这是因为网络问卷调查具有缺失数据少、效率高、费用低廉、相对较高的信度和效度等优点（Boyer et al.，2013）。我们以某省移动税务系统为研究载体，共发放问卷 320 份，收回 216 份，其中，10 份问卷刃数据缺省较多被删除，最终有效问卷 206 份。我们对回收的有效问卷和无效问卷从企业的性质、年销售额和所属行业进行了方差检验，其结果没呈现出明显的差异（$p > 0.05$）；又对有效问卷中问卷填写人的年龄、教育水平和手机上网年数进行了方差检验，也未呈现出明显的差异（$p > 0.05$），说明本次收集的问卷具有较好的代表性。

13.3.2 实证分析

本章利用 Smart – PLS 研究模型进行分析。一般认为，因子的平均抽取方差（AVE），复合信度（CR）和 α 值分别在 0.5、0.7 和 0.7 以上是可以接受的，说明各测度项具有较高的收敛效度和较好的内部一致性（Tan, et al., 2013）。从表 13-1 可以看出，本模型中的 AVE 值均在 0.8 以上，CR 值在 0.8 以上，α 值在 0.7 以上，各结构变量的因子载荷都在 0.7 以上，说明各因子能较好地代表相关结构变量。为验证各变量测量的鉴别效度，需要对平均抽取方差（AVE）进行开方。如果 AVE 的平方根在其内部结构系数中是最大的（AVE 值的平方根在其所在的列是最大的），即，各因子 AVE 值的平方根大于其与其他因子的相关系数，表明测量模型具有较好的区别效度。表 13-1 的结果表明，AVE 平方根均大于 0.7，说明各个因子之间具有较好的区别效度。基于以上分析，本章所用到的样本具有较高的信度和效度。

图 13-2 显示了研究模型的实证结果，感知价值、税务系统满意度和税务机关满意度的 R^2 分别为 0.58、0.54 和 0.43。一般来说，R^2 的值在 0.3 以上可以认为模型对因变量的解释性较好（Xue et al., 2011）。从图 13-2 可以看出，除 H2 没有得到验证外，即个性化（$b=0.32$，$p>0.05$）对感知价值的作用没有得到验证外，其他假设都得到了支持。具体来说，感知收益的其他三个组成要素：服务质量（$b=0.43$，*** $p<0.001$）、互动性（$b=0.37$，* $p<0.05$）和透明度（$b=0.40$，** $p<0.01$）对感知价值具有显著的影响，说明 H1、H3、H4 得到了支持；感知成本中的两个因素，即感知费用（$b=-0.45$，** $p<0.01$）和感知风险（$b=-0.28$，*** $p<0.001$）对感知价值具有显著的负向影响，从而 H5 和 H6 得到了支持；感知价值对税务系统满意度（$b=0.48$，*** $p<0.001$）和税务机关满意度（$b=0.12$，** $p<0.01$）具有正向积极影响，从而验证了 H7 和 H8；税务系统满意度对税务机关满意度（$b=0.42$，*** $p<0.001$）具有正向积极影响，从而验证了 H9。

表13-1 测量模型中的各相关指标

变量	Mean	SD	AVE	CR	α值	因子载荷	R²	1	2	3	4	5	6	7	8	9
1. FQ	5.12	1.13	0.87	0.86	0.78	0.87/0.75/0.76		0.75								
2. GX	4.63	1.27	0.94	0.92	0.91	0.90/0.89/0.94		0.57	0.89							
3. HD	4.01	1.35	0.95	0.89	0.91	0.88/0.89/0.92		0.62	0.61	0.90						
4. TR	4.82	1.07	0.92	0.92	0.91	0.91/0.93/0.90		0.38	0.42	0.49	0.85					
5. PF	5.23	1.25	0.96	0.87	0.89	0.89/0.92/0.87		0.45	0.54	0.58	0.52	0.92				
6. PR	4.27	1.20	0.90	0.84	0.82	0.83/0.76/0.83		0.65	0.38	0.63	0.55	0.54	0.81			
7. PV	5.32	1.06	0.92	0.90	0.92	0.94/0.90/0.86	0.58	0.59	0.57	0.55	0.38	0.53	0.46	0.84		
8. SS	4.25	1.18	0.93	0.89	0.92	0.92/0.90/0.92	0.54	0.48	0.48	0.49	0.45	0.46	0.50	0.52	0.86	
9. SG	5.13	1.22	0.94	0.85	0.92	0.92/0.91/0.89	0.43	0.34	0.51	0.37	0.38	0.56	0.42	0.37	0.46	0.88

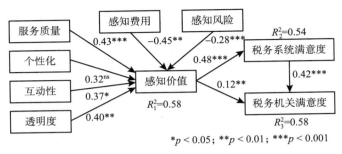

图 13 – 2　研究模型

13.4　研究结论和政策建议

首先，在感知收益中：

（1）服务质量（$b = 0.43$）对感知价值的影响作用最大，说明在"互联网＋"背景下，税务机关为纳税人提供良好的线上服务和线下服务（如，社会协作服务、便捷的办税服务，发票服务，信息服务和智能应用服务）对提高纳税人对移动税务的价值具有重要作用，也有利于税务机关形成"线上线下融合、前台后台贯通、统一规范高效的电子税务局"。

（2）透明度（$b = 0.40$）对感知价值的影响作用仅次于服务质量，说明信息服务在"互联网＋税务"中具有重要的地位，这就要求税务机关为纳税人提供良好的监督维权服务、信息公开服务、数据共享服务和信息定制服务，将为构建税务机关的公信力，打造透明和服务型税务机关具有重要意义。

（3）个性化对感知价值的正向作用并不显著，这说明，尽管个性化的信息和服务有利于提升纳税人对移动税务价值的感知，但现实情况是税务机关能为纳税人提供的个性化的服务还十分有限，可能是导致纳税人对个性化的税收信息和服务作用不敏感的主要原因。因此，税务机关应进一步提高为纳税人提供信息定制服务的能力,针对不同行业和类型的纳税人实施差异化的服务(如,税收法规查询、办税业务指导、税收预警等),按照纳税人的需求和偏好提供税收信息和服务。

其次,在感知成本中:

(1)感知费用($b = -0.45$)对感知价值的影响作用最大,并且其影响作用大于感知收益中的4个因素的影响作用,与"前景"理论中关于损失给人带来的痛苦要远远大于收益给人带来的快乐是一致的(Grewal et al.,1998)。这说明,在"互联网+税务"的现阶段,纳税人对移动税务服务的价格还十分敏感,就要求政府在推广移动税务的过程中,要加大财政补贴或为纳税人向社会机构购买公共服务,尽可能减轻纳税人的使用成本;同时,税务机关应借势"大众创业,万众创新"的大潮,激发市场主体和社会各界参与"互联网+税务"的热情,构建"互联网+税务"的良好生态,为"互联网+税务"提供良好的应用环境。

(2)感知风险是影响感知价值的一个重要因素,就要求税务机关在"互联网+税务"行动计划实施过程中,要牢固树立凤险意识,落实数据安全主体责任;制定第三方税务平台安全接入标准,规范引导第三方应用和服务平台的接入;加强对涉税数据在生产、传输、存储过程中的安全监控和管理;开展税务应用数据实时监测,实现应用和安全同步规划、建设和运行。

最后,实证结果表明,在移动税务中,纳税人对移动税务价值的感知对税务系统满意度的影响作用,显著强于其对税务机关的满意度(通过相关系数的比较可知)。这说明,在"互联网+税务"中,税务系统满意度作为中介变量,在纳税人形成税务机关满意度中起到桥梁作用。因此,各级税务机关应顺应互联网应用需求,积极推动和落实"互联网+税务"行动计划,将互联网深度融合到税收的征收和管理工作中,推动税收效率提升和税收管理变革,努力打造透明型税务局和服务型税务局,为税收服务国家治理提供强力支撑。

本章存在一定的局限性，一是研究视角主要是基于成本收益的分析框架，今后有必要结合其他理论（如，创新扩散理论），加入相关的特征因素（如，兼容性、可视化和可试性等），进一步增强模型的解释力。二是由于条件限制，研究样本还主要来自某省，今后需要从更广的范围内收集样本数据，进一步验证模型的有效性。

参 考 文 献

[1] Abdelfattah F. A. , Rahman M. S. , Mohamad O. Assessing the antecedents of customer loyalty on healthcare insurance products: service quality; perceived value embedded model. Journal of Industrial Engineering & Management, 2016, 8 (5).

[2] Benbasat I. , Barki H. Quo vadis TAM? . Journal of the Association for Information Systems, 2007, 8 (4).

[3] Boyer K. K. , Olson J. R. , Calantone R. J. , Jackson E. C. Print versus electronic surveys: a comparison of two data collection methodologies. Journal of Operations Management, 2002, 20 (4).

[4] Fang X. , Chan S. , Brzezinski J. , Xu S. Moderating effects of task type on wireless technology acceptance. Journal of Management Information Systems, 2005, 22 (3), 123 – 157.

[5] Wang C. Antecedents and consequences of perceived value in mobile government continuance use: an empirical research in China. Computers in Human Behavior, 2014, 34 (5).

[6] Grewal D. , Monroe K. B. , Krishnan R. The effects of price-comparison advertising on buyers' perceptions of acquisition value, transaction value, and behavioral intentions. The Journal of Marketing, 1998, 62 (2).

[7] Kahneman D. , Tversky A. Prospect theory: An analysis of decision under risk. Econometrica, 1990, 47 (2).

[8] Kim H. W. , Chan H. C. , Gupta S. Value-based adoption of mobile internet: an empirical investigation. Decision Support Systems, 2007, 43 (1).

[9] Ko E. , Kim E. Y. , Lee E. K. Modeling consumer adoption of mobile

shopping for fashion products in Korea. Psychology & Marketing, 2009, 26 (7).

[10] Komiak S. Y. , Benbasati. The effects of personalization and familiarity on trust and adoption of recommendation agents. MIS Quarterly, 2006, 30 (4).

[11] Lin T. T. C. , Paragas F. , Bautista J. R. R. Determinants of mobile consumers' perceived value of location-based mobile advertising and user responses. International Journal of Mobile Communications, 2016, 14 (2).

[12] Liu F. , Zhao X. , Chau P. Y. , Tang Q. Roles of perceived value and individual differences in the acceptance of mobile coupon applications. Internet research: Electronic networking applications and policy, 2015, 25 (3).

[13] Tan C. W. , Benbasat I. , Cenfetelli R. T. IT – mediated customer service content and delivery in electronic governments: an empirical investigation of the antecedents of service quality. MIS quarterly, 2013, 37 (1).

[14] Teo T. S. Demographic and motivation variables associated with Internet usage activities. Internet Research, 2001, 11 (2).

[15] Trimi S. , Sheng H. Emerging trends in m-government, Communications ACM, 2008, 51 (5).

[16] Venkatesh V. , Thong J Y. L. , Chan F. K. Y, Hu P. J. H. Managing citizens' uncertainty in e-government services: the mediating and moderating roles of transparency and trust, Information Systems Research, 2016, 27 (1).

[17] Xue Y. , Liang H. , Wu L. . Punishment, justice, and compliance in mandatory IT settings. Information Systems Research, 2011, 22 (2).

[18] Yuan Y. , Archer N. , Connelly C. E, Zheng W. Identifying the ideal fit between mobile work and mobile work support. Information & Management, 2010, 47 (3).

[19] Zeithaml V. A. Consumer perceptions of price, quality, and value: a means-end model and synthesis of evidence. Journal of Marketing, 1988, 52 (4).

[20] Zhou T. Examining location-based services usage from the perspectives of unified theory of acceptance and use of technology and privacy risk. Journal of Electronic Commerce Research, 2012, 13 (2).

第14章

基于移动税务的移动服务
用户使用意愿研究①

14.1 引　言

　　截至2015年12月，中国手机网民规模6.20亿人，占总网民规模的90.1%，手机已成为网民的主要上网终端。随着移动技术的广泛应用和移动终端设备的广泛普及，移动服务市场也在持续增长。移动服务是指，基于移动设备和技术给用户提供随时随地的服务。与基于固定IT设备（如，台式机）的传统服务相比，移动服务能使用户摆脱时间和空间的限制，帮助他们随时随地完成工作任务或进行娱乐活动。尽管移动服务具有传统服务无法比拟的优点，事实上，还有很多用户不愿意接受移动服务。为什么一些人乐于采纳新的信息技术服务（如，移动服务），而另一些人却拒绝使用？针对这一问题，现有的大部分研究还主要是基于用户的视角，而非消费者的视角，这对理解用户使用新兴IT技术的行为较为不利。为弥补现有研究的不足，本章将采用成本收益的分析框架，基于移

---

　　①　本章的早期版本获得中国信息经济学年会（2015）最佳论文奖。

动服务的场景，阐明感知收益的组成因素和感知成本的组成因素，在加入体现用户特征的调节变量（性别和年龄）的基础上，构建基于感知价值的移动服务用户使用模型。本章的理论价值在于：（1）基于移动技术的情景，从消费者的视角对感知收益和感知成本进行细化，特别是具体化了感知有用性在移动服务环境下的具体含义，即，加入新的情景变量；（2）在模型中加入调节变量，进一步阐述用户特征对用户使用移动服务行为的影响；（3）为研究者提供一个从消费者视角理解用户采纳新兴 IT 行为的思路。本章的实践价值在于，为移动服务供应商拓展市场提供了理论基础和具体思路。

14.2　理　论　基　础

14.2.1　现有 IT 使用行为研究述评

针对 IT 用户使用行为机理这一现象展开解释的研究，在信息系统研究领域已经持续了几十年。已有文献显示，信息技术采纳的原因可以从多种理论视角进行分析。如，技术采纳模型（TAM）、计划行为理论（TPB）、创新扩散理论（IDT）等。这些理论在解释传统 IT 服务的使用行为时具有很好的效力，但对理解新兴 IT 行为的使用却具有一定的局限性。这是因为，用户使用传统 IT 的环境多是组织环境，且主要是以完成工作为目的，组织推动是其使用的一个重要因素；而用户在使用新兴 IT 服务（如，移动服务）时更多的是以一个消费者的身份，个人意愿起到关键作用。例如，用户在使用移动服务时要考虑费用（流量费、系统价格），以及由此获得的收益（如，个性化服务、享受性）。因此，为更好地理解用户使用行为的机制，有必要拓展现有理论（如，TAM）的应用场景以及研究视角。

现有基于价值的用户采纳行为的研究，可以看成是基于价值的采纳模型研究（value based adoption model，VAM）。通过文献分析，VAM 的研究大致可以归为三类：（1）以感知价值为基础，构建基于感知价值的前置影响变量和后置结果变量的用户采纳行为模型。在具体研究中，一类是将感知价值看成是单一维度的变量。尽管这些研究很多都是基于移动服务环境展开，但这类研究的不足之处在于模型中没有包含体现具体场景的变量（如，移动服务环境下典型价值特征）。（2）将感知价值看成是多维度的变量，进而构建基于价值的用户采纳行为模型，这类研究的重点在于前置变量组成。前置变量的组成主要存在两种研究趋势，一类前置变量是将感知价值进一步细分为不同的维度；另一类前置变量是从感知价值的定义出发，从感知收益和感知成本两个维度来分析影响感知价值的因素。这类研究的不足在于，没有阐述感知价值的关键影响变量（如，感知的有用性）在特定情境下的含义。如，文献［7］，尽管他们构建的 VAM 是研究用户对移动网络的使用行为，但模型中并未包含体现移动技术特点的变量。（3）以现有理论为基础，在影响用户行为的前置变量中加入感知价值等变量，如，文献［14］，他们将经典的 UTAUT 模型应用到消费者领域（移动互联网的使用），并加入了感知价格等体现消费领域特点的变量。从 VAM 的视角看，这类研究的不足之处同样在于，没有体现新技术（如，移动性、位置性等）对用户采纳意愿的影响。

将信息系统理论拓展到不同的应用情景领域，对研究者和实践人员都显得尤为重要，因而这种基于情景的研究受到了越来越多研究者的注意。一般来说，基于情景的信息系统理论创新主要可以从三个方面展开，基于新的研究情景在已有模型中加入对自变量的前置影响变量（antecedents）或加入新的因变量（consequences）；基于新的研究情景在已有模型中加入调节变量（moderators）（如，文献［17］）；基于新的研究情景加入情景变量（contextual variables）。

基于以上分析，为弥补现有研究的不足，本章将采用成本收益的分析框架，构建基于感知价值的移动服务用户使用行为的研究模型，为研究者提供一个从消费者视角理解用户使用新兴 IT 行为的思路，为实践者拓展移动服务市场提供理论基础和具体思路。

14.2.2　成本收益理论

成本收益理论的分析框架来源于价值，它通常被用来解释消费者的行为选择，其基本假设是个人的行为选择，主要取决于其对成本与收益权衡后的价值最大化。价值在经济学领域的含义比较丰富，包含交换价值、效用和劳动力价值，既有主观价值也有客观价值。通常来讲，经济价值是指，人们为获得产品所付出的成本与收益之间的比较，这里的成本既包括货币成本，也包括非货币成本（时间、精力、情感等）。在市场营销中，同样也存在关于消费者价值的多种分类。如，消费价值、获取价值、交易价值、服务价值和效用价值等；功能价值、社会价值、情感价值、认知价值和情景价值；基于期望价值/感知质量的功能价值和基于价格/感知价值的功能价值；基于效用的价值和基于享乐的价值。从效用价值的角度看，消费者获得价值主要来源为两部分，获得价值和交易价值，这里的效用价值指的是消费者对其获得的收益与付出的成本权衡后的一种主观判断，通常又称为感知价值。

14.2.3　感知价值

感知价值产生的基础，是基于用户的感知或是体验，实际上反映了用户与产品或商家之间的关系。感知价值通常是指，用户获得的效用减去其支付的成本，包含两层含义，客户事先希望获得的价值（期望价值）和用户基于不同情景的体验价值。目前，已被广泛接受的感知价值的定义是泽萨姆（Zeithaml）给出的。他认为，消费者对其从产品或服务中获得的收益与其所付出的成本的一种总体效果的评估。一般来说，如果收益大于成本，那么，消费者会选择购买产品或服务。感知价值通常可以分为企业层面和个体层面，本章中的感知价值主要是指个体用户层面的。

在 TAM 中，感知有用性和易用性决定用户的采纳行为，实际上与基于成本收益的分析框架不谋而合，都反映了用户的付出（是否容易使用）和收益（是否有用）决定其行为选择的事实。由于以 TAM 为代表的传统信息系统理论过多地关注基于组织场景中的用户行为而忽略了消费者场景的应用，并且较少关注用户的态度对行为意愿的影响。为弥补这些不足，凯姆，常和卡普塔（Kim，Chan & Cupta）提出了一个基于感知价值的用户采纳模型（VAM）（见图 14－1）。如图 14－1 所示，感知收益的组成要素为有用性和享受性，而感知成本则由技术性和感知费用组成。用户的行为意愿由感知价值决定，感知价值受感知收益和感知成本影响。该模型成功地将 TAM 从组织的个人应用场景拓展到消费者领域，能很好地预测消费者的行为。但对于移动服务的具体场景，VAM 存在的不足有以下两点。一是没有体现移动服务场景的变量。如，针对有用性，到底移动服务的哪些特征增强了用户对其价值的感知；针对技术性，移动服务的哪些特点弱化了用户对其价值的感知；二是缺少调节感知价值与使用意愿之间关系的调节变量。如，研究显示，用户的个人特征对用户的使用意愿具有明显的影响作用（如，文献［14］），而这是基于情景研究中理论创新性的一个重要方面。

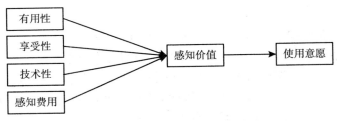

图 14－1　基于感知价值的分析框架

14.2.4 感知收益

从认知心理学的角度看，个体从事一项活动主要取决于内在动机和外在动机。内在动机是指，从事一项活动满足了个体的内在需求，而非活动本身带来的外部绩效；外在动机是指，从事一项活动所带来的外部绩效（如，奖励）。研究显示，外在动机和内在动机都对感知价值和行为意愿产生影响，感知有用性通常被用来衡量外在动机，而享受性用来衡量内在动机。本章中的感知收益，主要包括内在动机和外在动机两部分。

（1）外在动机

单纯用感知有用性来衡量外在动机尽管有其普适性，但也因此缺少基于不同情境的具体含义。因此，基于移动服务的特点，具体化感知的有用性将是基于移动服务情境创新的重要一步。研究显示，移动服务区别于传统服务的显著特征在于移动性、随时性、位置性、个性化。因此，本章将移动服务环境下的感知有用性定义为移动性、随时性、位置性和个性化。

1）移动性

移动性（mobility）是移动服务区别于传统服务最显著的特征，它是指用户能够接受信息、沟通交流和处理业务而不受具体物理位置的限制，从而使得移动服务具有"无处不在"的特点。现有研究中，移动性又可以进一步分为基于时间、空间和情景的移动性。为与下面的随时性和位置性相区分，此处的移动性主要是基于空间的移动性。与传统服务相比，用户由于不受物理位置限制，能随时随地处理业务，极大地提高了用户的感知价值。

2）随时性

随时性（accessibility）是指，服务接受者能够实时地接受信息和服务，尤其是在那些对时间要求敏感，需要实时作出回应的场景下尤为重要。这就使得随时性具有"无时不在"的特点。随时性可以看作一种基于时间的移动性。随时性在那些对时间比较敏感的工作（如，危机处理、应急服务）中显得尤为重要。

3）位置性

能够识别服务接受者的位置，是移动服务区别于传统服务的又一重要特征。位置性（localizability）是指，服务接受者的具体位置可以通过移动服务系统进行识别，并基于其位置提供满足用户需求的服务。因此，位置性在那些基于位置的服务中显得尤为重要。

4）个性化

个性化（personalization）是移动服务的另一重要特征，是指服务商能够提供基于用户需求偏好的服务。移动服务系统能够提供用户个性化的服务主要是因为两个原因。一是手机一般是个人所有，就为提供个性化服务创造了条件。二是手机卡（SIM 卡）上记载有用户信息，并能实时定位用户，就为用户提供个性化的服务创造了条件。

（2）内在动机

享受性（enjoyment）是指，移动服务接受者从使用移动服务中获得愉悦感或乐趣，这种乐趣不是来源于服务本身的功能性价值，也不是针对任何可预见的服务结果乐趣性的认知。享受性实际上是指，服务接受者的一种情感和内在的使用动机。在移动服务中，享受性是用户使用一项新技术的重要动机。

14.2.5 感知成本

感知成本，包括货币成本和非货币成本两部分。货币成本包括产品或服务本身的成本，以及为取得产品或服务所支付的其他费用。非货币成本是指，为取得产品或服务所支付的时间、精力以及其他非货币支出。

1）非货币成本

非货币成本主要是指，系统本身的质量，在研究中通常采用技术性（technicality）来衡量。技术性是指，用户对移动服务系统能提供服务的技术优越性的感知。在已有研究中，感知易用性被广泛用来衡量技术性。在本章中，为进一步体现感知易用性的情景化含义，采用隐私风险和复杂性两个指标来度量非货币成本。

复杂性是指，用户感知使用一项新技术的难易程度，其替代的衡量指标通常是感知易用性。移动服务中，由于手机的屏幕小，可传递的内容有限，在一定程度上制约了移动服务的使用。因此，复杂性是影响用户感知价值的一个重要因素。感知风险是指，用户在使用移动服务中感受到的不确定的消极影响，它通常分为三类：财务风险、产品风险和信息风险。研究表明，感知风险是影响用户网上行为的一个重要因素。

2）货币成本

货币成本是指，用户在使用移动服务过程中的相关费用，通常采用感知费用（价格）来表示。移动服务中，感知费用是影响价值的一个重要因素，如，流量费、app 的价格。因此，较高的使用成本会降低用户的感知价值。

14.2.6　调节变量

年龄和性别通常用来作为态度与行为意向的调节变量，如，UTAUT。为此，我们构建如图 14-2 的研究模型，具体研究假设见14.3 节。

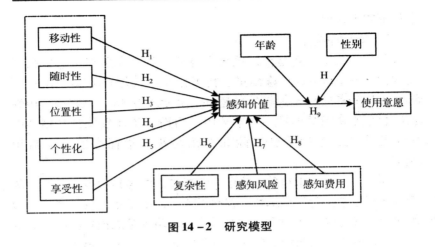

图 14 - 2   研究模型

14.3   研 究 假 设

14.3.1   感 知 收 益 与 感 知 价 值

由于移动服务区别于传统服务的显著特征在于移动性、随时性、位置性、个性化，基于移动服务的四个特征有利于增加用户的感知价值。如，移动性能让用户摆脱位置的限制而及时处理业务，这对增强用户有用性的感知十分有利，进而增强用户的感知价值。随时性能让用户不再受时间的限制而及时处理相关业务，尤其是在紧急情况下，任务完成时间要求非常严格的情况下，其价值显得更为明显。能识别用户的位置是移动服务有别于传统服务的一个重要特征。在移动服务中，用户能及时发送和接受基于位置的信息和服务，这种优质的应用能有效增强用户价值。个性化为移动服务提供了基于个体目标的差异化服务，服务商能基于时间、地点和个人偏好为用户提供服务，有利于改善服务质量和提高服务效率，特别是在满足用户差异化的需求方面体现得较为明显。

　　享受性是服务接受者在享受服务时对服务质量的一种情感反应，是用户一种内在的激励。积极的情感反应有利于增强用户的感知价值，进而促进用户使用。因此，享受性对于感知价值具有显著的正向影响作用，并且是用户接受新技术的一个重要因素。为此，基于感知收益与感知价值的关系，我们提出以下五个假设。

　　H1：移动性与感知价值正相关；

　　H2：随时性与感知价值正相关；

　　H3：位置性与感知价值正相关；

　　H4：个性化与感知价值正相关；

　　H5：享受性与感知价值正相关。

14.3.2　感知成本与感知价值

　　感知成本是用户付出的货币成本与非货币成本，感知成本与感知价值负相关。本模型中感知成本主要包括复杂性、感知风险和感知费用。复杂性是指，用户在使用和理解移动服务时感觉到的难易程度，它是影响用户使用意愿的重要因素。如，系统难以理解或使用，就会降低用户对系统服务的感知价值，进而阻碍用户使用。因此，复杂性会降低用户的感知价值。感知风险是用户在使用移动服务时，对时间投入和金钱损失等的感知。一般来说，高风险会降低用户对其价值的感知。感知费用则是指，用户在使用服务时对其支付货币成本的感知。成本是影响用户价值的一个核心变量，通常来讲，费用越高，用户对其价值的感知就会降低。由于移动服务是一种全新的服务方式，用户在比较费用时，通常是相对于其他服务的费用而言（如，基于传统的服务）。因此，这里的费用是一个相对概念。相关的研究也表明，感知费用越高，用户的感知价值越低。为此，基于感知成本与感知价值的关系，我们提出如下三个假设：

　　H6：复杂性与感知价值负相关；

H7：感知风险与感知价值负相关；

H8：感知费用与感知价值负相关。

14.3.3 感知价值与使用意愿

基于成本收益理论，感知收益是消费者对其付出与其收益之间的比较，比较的结果决定消费者的行为选择。也就是说，感知价值是预测用户使用意愿的一个重要变量。一般来说，感知价值越大，用户越可能接受服务。因此，感知价值与使用意愿正相关。相关研究（如，文献［11］和文献［37］）也证实了感知价值对使用意愿具有正向影响。为此，我们提出以下假设：

H9：感知价值与使用意愿正相关。

14.3.4 调节作用

年龄、性别与创新性对感知价值与使用意愿之间的关系具有调节作用。研究表明，性别和年龄是影响用户使用意愿的一个重要变量。一般来说，年老的消费者比年轻的消费者更为理性，女性比男性对价格更为敏感。为此，我们提出以下关于调节作用的假设。

H_{10}：感知价值对使用意愿的影响作用受消费者性别和年龄的影响，女性消费者的影响作用较强，尤其是年老的女性消费者。

14.4 研 究 设 计

14.4.1 问 卷 设 计

为保证模型中变量测度的信度和效度，本章的量表均来源于已有文献。相关量表首先翻译成中文，并根据布瑞斯林（Brislin）建议的方法，再把中文翻译成英文。通过比较，我们并没有发现二者存在显著差异。随后，我们找同行和专家对量表进行审阅，根据 2 名同行、1 名业务管理人员、1 名技术专家和 5 名用户的建议，我们修正了语义模糊的地方，删减了一些较为冗长的表述。量表采用 Likert 7 级结构，请参加调查的用户根据使用情况进行打分，分值反映了用户对该问题的态度从强烈不同意（1）到强烈同意（7）的变化过程。具体量表如表 14 - 1 所示。对于调节变量中的性别，我们采用男性（1），女性（0）表示。正式测度量表如图 14 - 1 所示。

表 14 - 1　　　　　　　　　量表

变量名	定义	测量指标	来源
移动性（YD）	用户借助移动税务不受物理位置限制就能获取、传递和处理税务业务的特性	YD1：移动税务让我在任何地方都能联系到税务机关 YD2：移动税务能让我在办公室之外获得税务服务 YD3：借助移动税务很容易在任何地方获得税务服务	[49]　[8]
随时性（SS）	用户借助移动税务不受时间限制就能获取、传递和处理税务业务的特性	SS1：移动税务让我在任何时间都能联系到税务机关 SS2：移动税务能让我在任何时间获得税务服务 SS3：借助移动税务很容易在任何时间获得税务服务	[50]　[51]
位置性（WZ）	用户借助移动税务，不受情景限制就能获取、传递和处理税务业务的特性	WZ1：我的工作任务需要依赖我的位置信息 WZ2：我的工作任务与我的位置信息是相关的 WZ3：完成我的工作任务需要借助导航	[8]

变量名	定义	测量指标	来源
个性化（GX）	用户借助移动税务，能获取基于个人特征和偏好的税务信息或服务的特征	GX1：我可以将移动税务设置成我喜欢的方式 GX2：我可以设置移动税务以适应我的需求 GX3：我可以将移动税务的板式设置成我喜欢的风格	[40]［33]
享受性（YL）	从使用移动税务中获得的愉悦程度	PT1：使用移动税务有乐趣 PT2：使用移动税务很愉快 PT3：使用移动税务有创造力	[11]
复杂性（FZ）	用户使用移动税务过程中感受到的难以理解或使用的程度	FZ1：利用移动税务缴税比较困难 FZ2：学习使用移动税务很困难 FZ3：使用移动税务浏览信息很困难	[35]
感知风险（PR）	在使用移动税务时对时间投入和金钱损失等的感知程度	PR1：移动税务收集了很多关于我个人的信息 PR2：在使用移动税务交易过程中我担心个人信息泄露 PR3：未经我的许可，移动税务提供方会出售我的信息	[37]
感知费用（PP）	相对于电子税务，移动税务的服务价格的合理程度	PP1：移动税务的价格是合理的 PP2：移动税务对其使用价格来说是有价值的 PP3：针对目前的价格，移动税务具有很好的价值	[14]
感知价值（PV）	使用移动税务的付出与收益之间的权衡	PV1：与支付的成本相比，移动税务给我提供了价值 PV2：与我付出的努力相比，移动税务是有价值的 PV3：与我付出的时间相比，移动税务是有价值的 PV4：总之，使用移动税务是有价值的	[7] [11]

续表

变量名	定义	测量指标	来源
使用意愿（PI）	用户期望近期使用移动税务的程度	PI1：近期我计划使用移动税务 PI2：近期我计划用移动税务办理业务 PI3：近期我期望学习如何使用移动税务	[14]
感知有用性（PU）	使用移动税务对完成工作的有用程度	PU1：移动税务使我容易完成缴税 PU2：移动税务让我容易完成工作任务 PU3：使用移动税务，我工作效率得到提升	[29]
感知易用性（PE）	理解或使用系统的难易程度	PT1：借助移动税务，我容易接收信息和服务 PT2：学习如何使用移动税务很容易 PT3：移动税务的使用技巧容易掌握	[29]

14.4.2　数据收集

我们采用网络问卷的调查方式，是因为与传统的调查方式相比，网络问卷调查具有缺失数据少，效率高、费用低廉、相对较高的信度和效度等优点。我们从中部某省税务部门提供的企业信息库中随机抽取500名用户，发放问卷500份。之所以选择中部某省作为调查对象，是因为该省的移动税务信息化一直走在全国前列，经常作为样板工程供其他省区市学习。最终收回260份问卷，其中，14份问卷因数据缺省较多被删除。最终问卷246份，样本特征见表14-2。为验证样本的效度，我们对回收的有效问卷和无效问卷从企业的性质、年销售额和所属行业进行了方差检验，其结果没呈现出明显的差异（P>0.05）；又对有效问卷中问卷填写人的年龄、教育水平和手机上网年数进行了方差检验，也未呈现出明显的差异（P>

0.05），说明本次收集的问卷具有较好的代表性。

表 14 – 2　　　　　　　　　　样本特征

特征		频率	百分比（%）
性别	男性	134	54.5
	女性	112	45.5
年龄	20~29	116	47.2
	30~39	91	40.0
	40~49	27	11.0
	≥50	12	2.80
教育程度	大学以下	35	14.2
	大学以上	211	85.8
使用手机的时间	<2	32	13.0
	2~5	125	50.8
	6~9	75	30.5
	>9	14	6.70
使用手机的频率	从未使用	0	0
	偶尔使用	89	36.2
	经常使用	157	63.8

14.5　模　型　验　证

14.5.1　测量模型

作为一个优秀的结构方程分析工具，Smart – PLS 在信息系统研究领域得到了广泛的应用。[51]一般认为，因子的平均抽取方差（AVE）、复合信度（CR）和 α 值分别在 0.5，0.7 和 0.7 以上是可以接受的，说明各测度项具有较高的收敛效度和较好的内部一致性。[53]从表 14 – 3 可以看出，本模型中的 AVE 值均在 0.5 以上，

表14-3　　描述统计、相关系数和AVE

变量	M.	S.D	AVE (>0.50)	CR (>0.70)	α (>0.70)	1	2	3	4	5	6	7	8	9	10	11
1. YD	5.722	1.012	0.823	0.881	0.927	0.913										
2. SS	4.836	1.123	0.705	0.872	0.782	0.053	0.843									
3. WZ	4.676	1.066	0.677	0.862	0.853	0.214	0.072	0.825								
4. GX	5.451	1.178	0.734	0.783	0.865	0.093	0.005	0.152	0.854							
5. YL	3.895	1.125	0.760	0.735	0.796	0.163	0.170	0.296	0.192	0.873						
6. FZ	1.563	0.234	0.782	0.873	0.867	0.075	0.233	0.123	0.253	0.074	0.880					
7. PR	4.120	0.592	0.723	0.864	0.873	0.025	0.080	0.054	0.167	0.257	0.192	0.854				
8. PP	4.562	1.018	0.698	0.892	0.835	0.094	0.120	0.186	0.253	0.227	0.083	0.240	0.832			
9. PX	5.192	1.256	0.804	0.843	0.814	0.212	0.250	0.232	0.146	0.245	0.167	0.125	0.162	0.894		
10. PV	5.281	1.254	0.658	0.758	0.782	0.052	0.080	0.166	0.243	0.183	0.223	0.242	0.256	0.293	0.816	
11. IU	4.654	1.086	0.785	0.822	0.844	0.133	0.060	0.232	0.285	0.322	0.190	0.266	0.073	0.328	0.155	0.882

（Cronbach's alpha，composite reliability 和 the average variance extracted（AVE）分别是 0.700，and 0.500（Fornell，Larcker 1981））。

CR 值和 α 值均在 0.7 以上。为验证各变量测量的鉴别效度，需要对平均抽取方差（AVE）进行开方。如果 AVE 的平方根在其内部结构系数中是最大的（AVE 值的平方根在其所在的列是最大的），即，各因子 AVE 值的平方根大于其与其他因子的相关系数，表明测量模型具有较好的区别效度。表 14 - 3 的结果表明，AVE 平方根均大于 0.5，说明各因子之间具有较好的区别效度。如表 14 - 4 所示，各结构变量的因子载荷大部分都在 0.7 以上，说明各因子能较好地代表相关结构变量。基于以上分析，本章所用到的样本具有较高的信度和效度。

14.5.2 结构模型

图 14 - 2 显示了 PLS 运行的结构模型的验证结果，感知价值和使用意愿的 R^2 分别为 0.563 和 0.667。一般来说，R^2 的值在 0.3 以上可以认为模型对因变量的解释性较好。[54] 从图 14 - 2 可以看出，除 H_5 没有得到验证外，即享受性（$b = 0.271$，$P > 0.05$）对感知价值的作用没有得到验证外，其他假设都得到了支持。具体来说，感知收益的 4 个组成要素：移动性（$b = 0.492$，$***p < 0.001$）、随时性（$b = 0.233$，$**p < 0.01$）、位置性（$b = 0.282$，$**p < 0.01$）和个性化（$b = 0.357$，$*p < 0.05$）对感知价值具有显著的影响，说明 H_1、H_2、H_3、H_4 得到了支持；感知成本的三个组成，即复杂性（$b = -0.253$，$**p < 0.01$）、感知风险（$b = -0.391$，$***p < 0.001$）和感知费用（$b = -0.472$，$**p < 0.01$）对感知价值具有显著的负向影响，从而 H_6、H_7 和 H_8 得到了支持；感知价值（$b = 0.463$，$***p < 0.001$）对使用意愿具有正向积极影响，从而验证了 H_9。为验证性别和年龄对感知价值与使用意愿的调节作用（H_{10}），我们构建了变量"性别 * 年龄 * 感知价值"，并分析它与使用意愿之间的关系。结果表明，"性别 * 年龄 * 感知价值"（$b = -0.164$，$**p < 0.01$）对感知价值与使用意愿之间的关系具有显著的负向调节作用，从而验证了 H_{10}。这说明，年老的女性用户对感知价值与使用意愿之间的调节作用更强。

表 14 - 4　　　因子载荷

	1. YD	2. SS	3. WZ	4. GX	5. YL	6. FZ	7. PR	8. PP	9. PX	10. PV	11. IU
YD1	0.862										
YD2	0.825										
YD3	0.893										
SS1	0.235	0.873									
SS2	0.182	0.836									
SS3	0.302	0.882									
WZ1	0.260	0.125	0.783								
WZ2	0.256	0.242	0.854								
WZ3	0.197	0.147	0.835								
GX 1	0.112	0.163	0.133	0.813							
GX 2	0.273	0.228	0.044	0.844							
GX 3	0.214	0.197	0.262	0.882							
YL1	0.247	0.256	0.216	0.052	0.786						
YL2	0.188	0.122	0.172	0.255	0.932						
YL3	0.212	0.146	0.036	0.223	0.850						
FZ1	0.224	0.172	0.252	0.140	0.122	0.821					
FZ2	0.135	0.185	0.084	0.0/0	0.276	0.855					
FZ3	0.182	0.224	0.063	0.150	0.182	0.782					
PR1	0267	0.283	0.085	0.246	0.143	0.246	0.837				

续表

	1. YD	2. SS	3. WZ	4. GX	5. YL	6. FZ	7. PR	8. PP	9. PX	10. PV	11. IU
PR2	0.173	0.212	0.212	0.314	0.217	0.323	0.844				
PR3	0.097	0.187	0.242	0.285	0.222	0.083	0.793				
PP1	0.199	0.315	0.093	0.266	0.356	0.274	0.242	0.793			
PP2	0.273	0.293	0.071	0.213	0.054	0.287	0.150	0.827			
PP3	0.162	0.162	0.066	0.155	0.247	0.193	0.184	0.775			
PX1	0.250	0.090	0.272	0.166	0.075	0.210	0.143	0.263	0.857		
PX2	0.090	0.240	0.062	0.352	0.162	0.352	0.242	0.185	0.844		
PX3	0.242	0.215	0.154	0.273	0.235	0.153	0.314	0.125	0.825		
PV1	0.164	0.185	0.224	0.322	0.162	0.191	0.342	0.146	0.184	0.852	
PV 2	0.261	0.093	0.272	0.315	0.123	0.073	.0216	0.352	0.242	0.864	
PV 3	0.233	0.134	0.355	0.242	0.056	0.280	0.224	0.272	0.313	0.824	
PV 4	0.191	0.052	0.203	0.186	0.042	0.160	0.172	0.225	0.245	0.856	
IU1	0.225	0.214	0.242	0.172	0.125	0.235	0.092	0.312	0.153	0.243	0.872
IU2	0.151	0.183	0.166	0.232	0.322	0.352	0.226	0.062	0.183	0.382	0.855
IU3	0.143	0.321	0.212	0.222	0.243	0.265	0.173	0.262	0.161	0.260	0.836

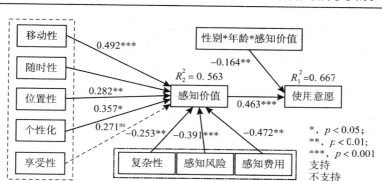

图 14 - 3 研究模型的 PLS 验证结果 (N = 246)

由于本章的模型是对 VAM 的拓展，而 VAM 又是对 TAM 的拓展。为此，我们对 TAM 和 VAM 也进行了验证。图 14 - 4 显示了 TAM 的验证结果，图 14 - 5 显示了 VAM 的验证结果。从图中可以看出，在

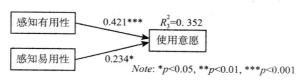

图 14 - 4 TAM 的 PLS 验证结果 (N = 246)

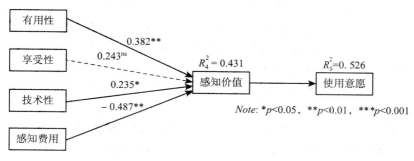

图 14 - 5 VAM 的 PLS 验证结果 (N = 246)

移动服务环境下，VAM 比 TAM 的解释能力增强了 17.4%（$R_5^2 - R_3^2 =$
17.4%），而本章拓展的模型比 VAM 的解释能力增强了 14.1%
（$R_1^2 - R_5^2 = 14.1\%$），比 TAM 增强了 31.5%（$R_1^2 - R_3^2 = 31.5\%$），
对感知价值的解释力比 VAM 增强了 13.2%（$R_2^2 - R_4^2 = 13.2\%$）。
这说明，本章提出的基于移动服务的情景化的模型具有更强的解释
能力。

14.6 结 果 讨 论

本章的研究目的是，构建基于移动服务情景的价值采纳模型，
通过实证研究发现，我们构建的模型具有较好的解释能力。具体来
说，感知价值是预测使用意愿的一个重要变量，它受感知收益因素
（移动性、随时性、位置性和个性化）和感知成本因素（复杂性、
感知风险和感知费用）影响，并且感知价值与使用意愿受年龄和性
别的调节作用。

14.6.1 研 究 发 现

（1）感知收益因素中的外在激励因素对感知价值具有正向影响
作用，但内在激励因素对感知价值没有影响；进一步分析发现，感
知价值对移动性、随时性和个性化具有部分中介作用，但对位置性
和享受性不具有中介作用。

我们发现，外在激励因素中的移动性的影响作用最大，也验证
了现有文献中的相关论述，如，移动性是移动服务区别于传统服务
最典型的特征。令我们意外的是，享受性对感知价值的影响作用并
未得到支持。对此我们认为的原因可能有以下两点。一方面，是我
们选择的研究对象是移动税务服务，由于移动税务服务在一定程度
上限制了用户对享乐性的感知；另一方面，可能是感知价值对享受

性不具有中介作用。为此，我们进一步分析了享受性与使用意愿之间的关系。结果显示，享受性（$b=0.252$，$***p<0.01$）对使用意愿具有显著的正向效应。对此，我们进一步验证了移动性、随时性、位置性和个性化对使用意愿的影响。结果均显示，移动性（$b=0.483$，$***p<0.001$）、随时性（$b=0.294$，$**p<0.01$）、个性化（$b=0.362$，$***p<0.001$）对使用意愿具有显著的影响，而位置性（$b=0.223$，$P>0.05$）对使用意愿的影响作用并不显著。以上结果表明，感知价值对享受性不具有中介作用，对移动性、随时性和个性化具有部分中介作用，对位置性具有完全中介作用。

（2）感知成本因素对感知价值的负向影响作用有强有弱；进一步分析发现，感知成本对感知价值的影响作用大于感知收益的影响；感知价值对复杂性与使用意愿具有完全中介作用，而对感知风险和感知费用具有部分中介作用。

研究结果显示，感知费用对移动服务价值的影响作用最强（$b=-0.472$）。这说明，在移动服务中，用户对价格十分敏感。这可能也从侧面解释了为什么我们很多 App 都采用免费策略。我们从两个方面进一步分析感知成本因素对感知价值的作用。一是分析感知收益和感知成本谁对感知价值的影响作用更大。对收益因素和成本因素分别与感知价值进行回归，我们发现二者的 R_ϵ^2 和 R_7^2 分别为 0.28 和 0.37，这说明，感知成本对感知价值的影响更显著。事实上，也符合前景理论中关于损失给人带来的痛苦要远远大于收益给人带来的快乐。二是分析感知价值对感知成本因素与使用意愿之间的中介作用是否存在。我们对感知成本因素与使用意愿之间的关系进行分析。结果表明，复杂性（$b=-0.282$，$P>0.05$）对使用意愿的影响作用不显著，而感知风险（$b=-0.235$，$**p<0.001$）和感知费用（$b=-0.362$，$**p<0.01$）对使用意愿具有显著的负向影响。这说明，感知价值对感知风险和感知费用具有部分中介作用，对复杂性与使用意愿具有完全中介作用。

（3）年龄和性别对感知价值与使用意愿之间的关系具有调节作

用，并且年长的女性用户对其调节作用更为明显。

已有研究中在分析感知价值与使用意愿之间关系时（如，文献[6]和文献[11]，较少考虑用户特征对其关系的调节作用。本章将用户特征中的年龄和性别作为调节变量，具体探讨年龄和性别共同对感知价值与使用意愿之间关系的调节作用。实证结果表明，年长的女性用户对感知价值与使用意愿之间关系的调节更为明显。这与已有的一些研究（如，文献[14]）在结论上存在一致性。

14.6.2　理论贡献

参考文献[18]基于情景的信息系统理论创新的三条标准：基于新的研究情景在已有模型中加入对自变量的前置影响变量（antecedents）或加入新的因变量（consequences）；基于新的研究情景在已有模型中加入调节变量（moderators）；基于新的研究情景加入情景变量（contextual variables）。本章的理论贡献主要体现在以下几个方面。

（1）基于消费者的视角，构建了基于感知价值的移动服务采纳模型，感知成本对感知价值的影响作用更大。

实证研究结果表明，本章的研究模型对移动服务场景下的采纳意愿具有较好的解释能力。研究结果表明，本章提出的研究模型比VAM的解释能力提高了14.1%，比TAM提高了31.5%。基于TAM的研究分析框架在信息系统理论研究中已经被过度使用，并且它主要是应在基于组织场景中的工作目的导向信息系统中，[10]而基于消费者视角的VAM又缺乏体现移动服务场景的变量。本模型能够很好地解释移动服务场景中用户采纳意愿的影响因素。

（2）感知价值作为中介变量是预测用户使用意愿的一个重要因素，感知有用性在移动服务环境下的具体含义包含移动性、随时性、位置性和个性化。

基于移动服务的具体场景，我们对感知收益因素和感知风险因素进一步具体化。结果表明，感知价值对感知收益中的外在激励因素中的移动性、随时性和个性化具有中介作用，对位置性以及内在激励因素享受性没有中介作用；对感知成本中的感知风险和感知费用具有部分中介作用，对复杂性具有完全中介作用。同时，感知成本对感知收益的影响作用更强。本模型特别强调感知价值作为中介变量，这对从消费者视角理解用户行为的形成机理具有重要意义。

（3）性别和年龄作为调节变量，结果发现，女性用户对感知价值与使用意愿之间关系的影响作用更强，尤其是年长的女性更为明显。

这一研究发现，有利于理解不同情境下感知价值对使用意愿的影响。已有研究中在分析感知价值与使用意愿之间关系时较少考虑用户特征对其关系的调节作用。本章提出的研究模型弥补了这一研究的不足，有利于人们更好地理解不同情境下用户意愿的形成机理。

14.6.3 实践价值

本章的研究结果为移动服务供应商开发、设计和推广移动服务提供了具体指导：（1）感知价值是预测移动服务用户使用行为的重要变量，这就要求服务商应努力降低用户接受服务的成本，提高用户收益，借助增强移动服务价值来吸引用户使用。感知收益的不同组成因素和感知成本因素对感知价值的影响作用不同，这就需要服务商采取针对性的措施提高用户价值，尤其是在宣传策略的选取时，应突出移动服务的移动性、个性化和较低使用费等特征。（2）感知成本对感知价值的影响作用强于感知收益的影响作用，这要求供应商要格外注意对移动服务的定价，尽量选择用户能够接受的价格。另外，在服务价格的调整时，要格外谨慎。（3）通过调节变量的研究发现，年长的女性用户对感知价值与使用意愿之间关系的影响作用更强，这就要求服务商在选择推广策略时，应根据性别和年龄采取不同的广告策略。尤其是在做出价格调整策略时，应更多地考虑对年老的女性用户的影响。

14.6.4 研究不足

与其他研究一样，本章也存在一定的局限性，主要体现在两个方面：（1）在本章提出的研究模型中，感知收益的组成要素主要是基于激励理论，如，外在激励只考虑了移动性、随时性、位置性和个性化四个因素，尽管这四个要素是移动服务中最为典型的特征。但今后有必要结合其他的理论（如，创新扩散理论），加入其他的特征因素（如，兼容性、可视化和可试性等），进一步增强模型的解释力。（2）由于条件限制，本章的研究对象主要是移动税务服务，今后一方面，需要将研究对象拓展到其他的研究平台（如，移动警务、移动教育），另一方面，需要从更广的范围内收集样本数据，进一步验证模型的有效性。

14.7 结   论

基于消费者的视角和 VAM 为基础，本章构建了移动服务场景下的基于感知价值的用户采纳模型。研究结果表明：（1）研究模型相比于 TAM 和 VAM 具有较强的解释力；（2）感知价值作为中介变量是预测用户使用意愿的一个重要因素，感知收益因素包括移动性、随时性、位置性、个性化和享受性，感知成本因素包括复杂性、感知风险和感知费用；（3）感知价值对移动性、随时性和个性化具有中介作用，对位置性和享受性没有中介作用；感知价值对感知风险和感知费用具有部分中介作用，对复杂性具有完全中介作用；（4）年龄和性别对感知价值与使用意愿之间的关系具有调节作用，年长的女性用户对其调节作用更强。总之，本章表明，感知价值是预测移动用户行为的一个重要变量，这将有利于研究人员从消费者视角理解用户使用行为的形成机理，为实践人员推广移动服务提供了具体思路。

参 考 文 献

［1］Ishmatov A. D. , Obi T. M. – government services: user needs and value. *Journal of E – Government Policy and Regulation*, 2009, 32（1）: 39 – 46.

［2］林家宝，鲁耀斌，卢云帆. 移动商务环境下消费者信任动态演变研究. 管理科学, 2011, 06: 93 – 103.

［3］Hung S. Y. , Chang C. M. , Kuo S. R. . User acceptance of mobile e-government services: an empirical study. *Government Information Quarterly*, 2013, 30（1）: 33 – 44.

［4］Chen S. Y. , Lu C. C. Exploring the relationships of green perceived value, the diffusion of innovations, and the technology acceptance model of green transportation. *Transportation Journal*, 2016, 55（2）: 519 – 520.

［5］Agrawal V. V. , Atasu A. , Van Ittersum K. Remanufacturing, third-party competition, and consumers' perceived value of new products. *Management Science*, 2015, 61（1）: 60 – 72.

［6］Kim H. W. , Chan H. C. , Gupta S. Value-based adoption of mobile internet: an empirical investigation. *Decision Support Systems*, 2007, 43（1）: 111 – 126.

［7］Wang C. Antecedents and consequences of perceived value in mobile government continuance use: an empirical research in China. *Computers in Human Behavior*, 2014, 34（5）: 140 – 147.

［8］Yuan Y. , Archer N. , Connelly C. E. , Zheng W. Identifying the ideal fit between mobile work and mobile work support. *Information & Management*, 2010, 47（3）: 125 – 137.

［9］周涛，鲁耀斌. 隐私关注对移动商务用户采纳行为影响的实证分析. 管理学报, 2010, 7（7）: 1046 – 1051.

［10］Benbasat I. , Barki H. Quo vadis TAM?. *Journal of the Association for*

Information Systems, 2007, 8 (4): 212 - 2187.

[11] Ko E. , Kim E. Y. , Lee E. K. Modeling consumer adoption of mobile shopping for fashion products in Korea. *Psychology & Marketing*, 2009, 26 (7): 669 - 687.

[12] Liu F. , Zhao X. , Chau P. Y. , Tang Q. Roles of perceived value and individual differences in the acceptance of mobile coupon applications. Internet research: Electronic networking applications and policy, 2015, 25 (3): 471 - 495.

[13] Turel O. , Serenko A. , Bontis N. User acceptance of wireless short messaging services: deconstructing perceived value. *Information & Management*, 2007, 44 (1): 63 - 73.

[14] Venkatesh V. , Thong J. , Xu X. Consumer acceptance and use of information technology: extending the unified theory of acceptance and use of technology. *MIS Quarterly*, 2012, 36 (1): 157 - 178.

[15] Lee A. S. , Baskerville R. L. Generalizing generalizability in information systems research. *Information Systems Research*, 2003, 14 (3): 221 - 243.

[16] Weber R. Editor's comments. *MIS Quarterly*. 2003, 27 (2): 3 - 7.

[17] Venkatesh V. , Thong J. Y. L. , Chan F. K. Y. , Hu P. J. H. Managing citizens' uncertainty in e-government services: the mediating and moderating roles of transparency and trust, *Information Systems Research*, 2016, 27 (1): 87 - 111.

[18] Hong W. , Chan F. K. Y. , Thong J. Y. L. Chasalow, L. , Dhillon, G. A framework and guidelines for context-specific theorizing in information systems research. *Information Systems Research*, 2014, 25 (1): 111 - 136.

[19] Kahneman D. , Tversky A. Prospect theory: An analysis of decision under risk. *Econometrica*, 1990, 47 (2): 140 - 170.

[20] Sheth J. N. , Newman B. I. , Gross B L. Why we buy what we buy: a theory of consumption values. *Journal of Business Research*, 1991, 22 (2): 159 - 170.

[21] Sweeney J. C. , Soutar G. N. Consumer perceived value: the development of a multiple item scale. *Journal of Retailing*. 2001, 77 (2): 203 - 220.

[22] Sanchez-Fernandez R. , Iniesta-Bonillo M. A. The concept of perceived value: a systematic review of the research. *Marketing Theory*, 2007, 7 (4): 427 - 451.

[23] Chahal H. , Kumari N. Consumer perceived value: the development of a

multiple item scale in hospitals in the Indian context. *International Journal of Pharmaceutical and Healthcare Marketing*, 2012, 6 (2): 167 – 190.

［24］曹丽，李纯青，高杨，马军平. 积分联盟感知价值及其影响因素对客户忠诚的影响：价格敏感度的调节作. 管理评论，2016，28 (2)：103 – 115.

［25］Zeithaml V. A. Consumer perceptions of price, quality, and value: a means-end model and synthesis of evidence. *Journal of Marketing*, 1988, 52 (4): 2 – 22

［26］朱镇，张伟. IT 能力如何提高供应链的竞争优势：整合与敏捷协调视角的研究. 中国管理科学，2014，22 (6)：604 – 609

［27］Wang Y. S. Assessing e-commerce systems success: a respecification and validation of the DeLone and McLean model of IS success. *Information Systems Journal*, 2008, 18 (5): 529 – 557.

［28］Shang R. A. , Chen Y. C. , Shen L. Extrinsic versus intrinsic motivations for consumers to shop on-line. *Information & Management*, 2005, 42 (3): 401 – 413.

［29］Davis F. D. , Bagozzi R. P. , Warshaw P. R. User acceptance of computer technology: a comparison of two theoretical models. *Management Science*, 1989, 35 (8): 982 – 1003.

［30］Kim D. , Ammeter T. Predicting personal information system adoption using an integrated diffusion model. *Information & Management*, 2014, 51 (4): 451 – 464.

［31］Kakihara M. , Sorensen C. Mobility: an extended perspective ［C］. *Proceedings of the Hawaii International Conference on System Sciences*. Big Island, Hawaii. 2002: 1756 – 1766.

［32］Clarke III. , I. Emerging value propositions for m-commerce. *Journal of Business Strategies*, 2008, 25 (2): 41 – 57.

［33］Kim S. S. , Son J. Y. Out of dedication or constraint? a dual model of post-adoption phenomena and its empirical test in the context of online services. *MIS Quarterly*, 2009, 33 (1): 49 – 70.

［34］Baker J. , Parasuraman A. , GREWAL D, VOSS G B. The influence of multiple store environment cues on perceived merchandise value and patronage intentions. *Journal of Marketing*, 2002, 66 (2): 120 – 141.

[35] Ter L. , Bélanger F. The utilization of e-government services: citizen trust, innovation and acceptance factors. *Information Systems Journal*, 2005, 15 (1): 5 – 25.

[36] Bhatnagar A. , Misra S. , Rao H. R. On risk, convenience, and Internet shopping behavior. *Communications of the ACM*, 2000, 43 (11): 98 – 105.

[37] Fang, X. , CHAN, S. , BRZEZINSKI, J. , XU, S. Moderating effects of task type on wireless technology acceptance. *Journal of Management Information Systems*, 2005, 22 (3), 123 – 157.

[38] Euter M. , Ostrom A. L. , ROUNDTREE R. I, BITNER M J. Self-service technologies: understanding customer satisfaction with technology-based service encounters. *Journal of marketing*, 2000, 64 (3): 50 – 64.

[39] Trimi S. , Sheng H. Emerging trends in m-government, *Communications ACM*, 2008, 51 (5): 53 – 58.

[40] Zhou T. Examining location-based services usage from the perspectives of unified theory of acceptance and use of technology and privacy risk. *Journal of Electronic Commerce Research*, 2012, 13 (2): 135 – 144.

[41] Sheng H. , Nah F. , Siau K. Values of silent commerce: a study using value-focused thinking approach, *Proceedings of the Eleventh Americas Conference on Information Systems*, Omaha, NE, 2005

[42] Moliner M. A. . Perceived relationship quality and post-purchase perceived value. *European Journal of Marketing*, 2013, 41 (6): 1392 – 1422.

[43] Komiak S. Y. , Benbasati. The effects of personalization and familiarity on trust and adoption of recommendation agents. *MIS Quarterly*, 2006, 30 (4): 941 – 960.

[44] Fang B. , Ye Q, Kucukusta D. Analysis of the perceived value of online tourism reviews: influence of readability and reviewer characteristics. *Tourism Management*, 2016, 52 (1): 498 – 506.

[45] Naehyun (PAUL) Jin, Sangmook Lee, Lee H. The effect of experience quality on perceived value, satisfaction, image and behavioral intention of water park patrons: new versus repeat visitors. *International Journal of Tourism Research*, 2015, 17 (1): 82 – 95.

[46] Lin T. T. C. , Paragas F. , Bautista J. R. R. Determinants of mobile consumers' perceived value of location-based mobile advertising and user responses. *International Journal of Mobile Communications*, 2016, 14 (2): 99 – 117

[47] Abdelfattah F. A. , Rahman M. S. , Mohamad O. Assessing the antecedents of customer loyalty on healthcare insurance products: service quality; perceived value embedded model. *Journal of Industrial Engineering & Management*, 2016, 8 (5): 1639 – 1660.

[48] Brislin R. W. Back-translation for cross-culture research. *Journal of Cross – Cultural Psychology*, 1970, 1 (3), 185 – 216.

[49] Park E. , Ohm J. Factors influencing users' employment of mobile map services. *Telematics and Informatics*, 2014, 31 (2), 253 – 265.

[50] Chan F. K. , Thong J. Y. , Venkatesh V. , Brown S. A. , Hu P. J. H. , Tam K. Y. Modeling citizen satisfaction with mandatory adoption of an e-government technology. *Journal of the Association for Information Systems*, 2010, 11 (10), 519 – 549.

[51] Tan C. W. , Benbasat I. , Cenfetelli R. T. IT – mediated customer service content and delivery in electronic governments: an empirical investigation of the antecedents of service quality. *MIS quarterly*, 2013, 37 (1), 77 – 109.

[52] Boyer K. K. , Olson J. R. , Calantone R. J, Jackson E. C. Print versus electronic surveys: a comparison of two data collection methodologies. *Journal of Operations Management*, 2002, 20 (4), 357 – 373.

[53] Fornell C. , Larcker D. F. . Evaluating structural equation models with unobservable variables and measurement 25 Error. *Journal of Marketing Research*, 1981, 18 (1), 39 – 50.

[54] Xue Y. , Liang H. , Wu L. Punishment, justice, and compliance in mandatory IT settings. *Information Systems Research*, 2011, 22 (2), 400 – 414.

[55] Grewal D. , Monroe K. B. , Krishnan R. The effects of price-comparison advertising on buyers' perceptions of acquisition value, transaction value, and behavioral intentions. *The Journal of Marketing*, 1998, 62 (2): 46 – 59.

后　　记

本书算是对我近些年来对电子政务研究的一个总结。尽管书中有不少地方提到的是电子政务，实际上这些研究主要是以电子税务为载体。有幸涉足电子税务领域的研究，源于我读博士之前的一段工作经历，如果没有那两年的工作体会，相信本书不会呈现在大家面前。

本书在完成之际，我要感谢我的爱人刘俊苹女士，她的理解和支持给了我写作的动力；感谢父母的关心和包容，让我面对困难时勇敢前行；感谢现代服务业河南省协同创新中心的方润生教授，航天金穗电子有限公司董事长陆振华先生在研究过程中提供的大力支持；也要感谢经济科学出版社的编辑王柳松女士对本书认真细致的编辑和加工。

本书的出版受国家自然科学基金（71403080；71172157）、现代服务业河南省协同创新中心的资助，在此一并致谢！

王长林

2016 年 6 月 18 日